「旬」おかずで今日も元気！

髙城順子

講談社

春が旬の食材で

新じゃがとスナップえんどうを、粒マスタードとマヨネーズであえて。

新玉ねぎは丸ごとスープ煮にして、甘さとやわらかさを楽しみます。

クレソンをたっぷり食べられる炒め物。牛肉やベーコンと合わせて。

春雨とそら豆のあっさり味の煮物。薬膳風の体にやさしい料理です。

たけのこのカルパッチョ風。塩昆布と花山椒の佃煮を散らします。

たけのことほたるいかのあえ物。春ならではのさわやかな一品です。

花山椒と牛肉のしゃぶしゃぶ。火の通し方が重要なので、私が鍋奉行です。

花山椒。ごく短い時期しか出回らないので、見つけたらすぐに買います。

わらび、たけのこ、こごみ、グリーンアスパラガスを練りごまであえて。

みんなといっしょに

根菜みそグラタン。スープで煮た根菜で。春にんじんで彩りがきれいです。

豆のサラダ。ドライパックの豆は温めてからドレッシングであえること。

ふきのとうキッシュ。ふきのとうのほろ苦さは、春ならではの味覚。

夏の初めに

夏バテ予防に食べる、新しょうがのスープ。しょうがの歯ごたえもあります。

たたききゅうりとパイナップルのあえ物。これも新しょうがをきかせて。

コーンのつくね揚げは、生のコーンで作ると格別のおいしさです。

夏が旬の食材で

アクアパッツァ。トマトは加熱すると、甘みとうまみが出ます。

フレッシュトマトをたっぷり使って、ポークソテーのソースに。

ズッキーニのナムルは韓国の旅で知った料理。さっと炒めて仕上げます。

かぼちゃのココナッツミルク煮。定番のかぼちゃ料理とは違うおいしさ。

かぼちゃのサラダは、電子レンジで作れる夏の簡単料理です。

とうがんと帆立て缶のスープ煮。すっきりとした味で、夏バテ気味のときにも。

そうめんに、作りおきの和風ラタトゥイユと温泉卵をトッピングして。

ししとうの炒め煮。万願寺とうがらしや伏見とうがらしでもお好みで。

いつもの朝ごはん

ヨーグルトメーカーで作った自家製に、レーズンとナッツを加えて。

目玉焼きには、作りおきのトマトソースをかけて風味をプラス。

ドレッシングをかけたサラダとモッツァレラチーズをのせたトースト。

作りおきしたきのこのマリネに、新鮮なトマトときゅうりを添えました。

カマンベールチーズをのせて焼いたライ麦パンと温泉卵、サラダ。

庭で摘んだブルーベリーとブラックベリーを、ヨーグルトに入れて。

「旬」おかずで今日も元気！

高城順子

はじめに

初めまして、料理研究家の髙城順子と申します。

みなさんは、ふだん「旬」を意識していますか？　旬の食材がいちばんおいしくて栄養豊富、値段も安いから積極的に食べたほうがいいと言われますよね。

その一方で、「スーパーマーケットの棚には一年中同じ野菜が並んでいて、何が旬か分からない」という嘆きも聞こえてきます。

確かに野菜の栽培方法や流通がよくなったおかげで、料理の撮影をするときにも、通年手に入るものが増えました。でも、季節外れの食材を食べて「こんなものか」と思い込んでいる方も多いのではないかと思います。

せっかくいろいろなものが手に入る時代なのに、それではもったいありません！

仕事柄、雑誌の撮影などでシーズンを先取りした料理を作ることも多いのですが、プライベートでは、できるだけその季節ならではのものを食べるようにしています。

そうすると、「やっぱり旬の食べ物って、うまみが違うなあ、パワーをもらえるなあ」と実感するのです。

そういうわけで、私は無理な運動はせず、「その季節のものをたっぷり食べれば元気でいられる」といったシンプルな食養生を実践しています。

「ひとりだから、食材を使い切れないのでは」という心配はご無用。私も猫とふたり(?)暮らしですが、毎日ちょこちょこ食べれば余らせることはありません。

私がいつも心がけているのは、「山菜なら煮物か天ぷら」と決めつけず、ピザやキッシュなど、意外な調理方法にチャレンジしてみること。定番料理とはまた違った新鮮な味わいになるので、旬の食材を飽きずに楽しめます。

3年前にフジテレビ『バイキング』の「生中継！サンドウィッチマンの日本全国地引き網クッキング」というコーナーで、サンドウィッチマンの伊達さん、富澤さんと全国の海岸でロケしたのもいい経験になりました。予想を裏切る食材とその場で格闘するのもアイディアが生まれ、また楽しいものです。この本でご紹介した私のいつもの料理が、思いがけないおいしさに出会うきっかけになったらうれしいです。

目次

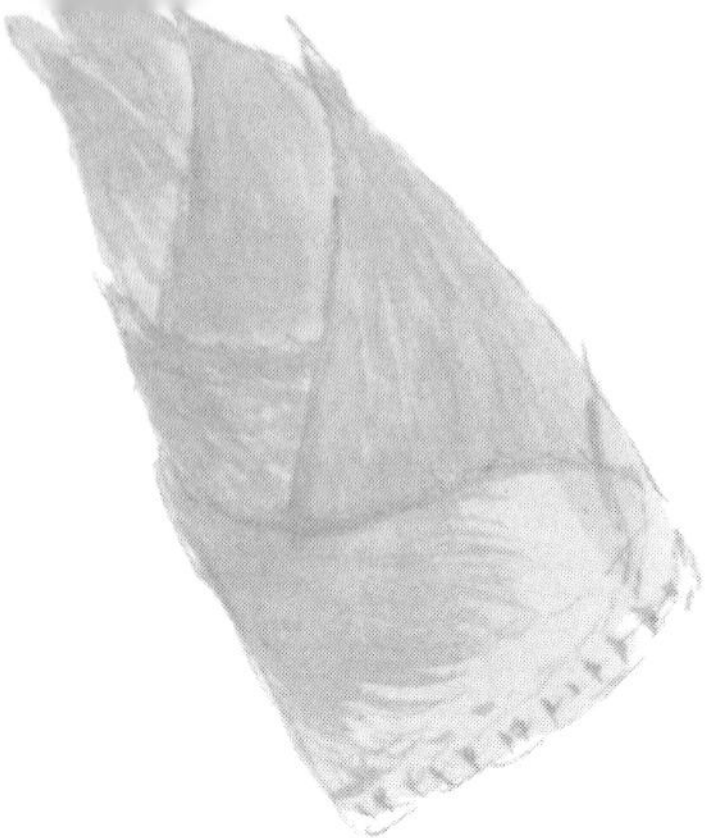

第1章 春

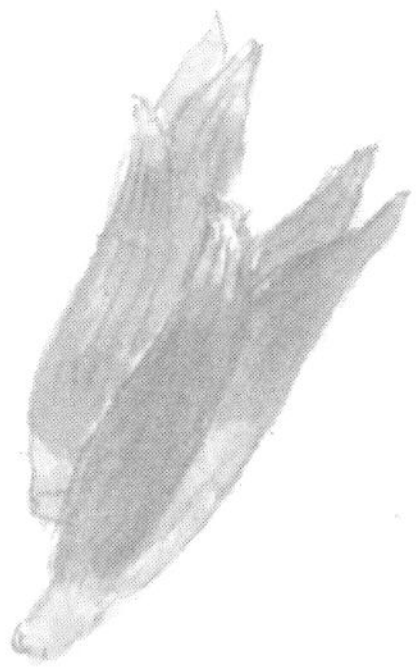

第2章

夏

第3章 秋

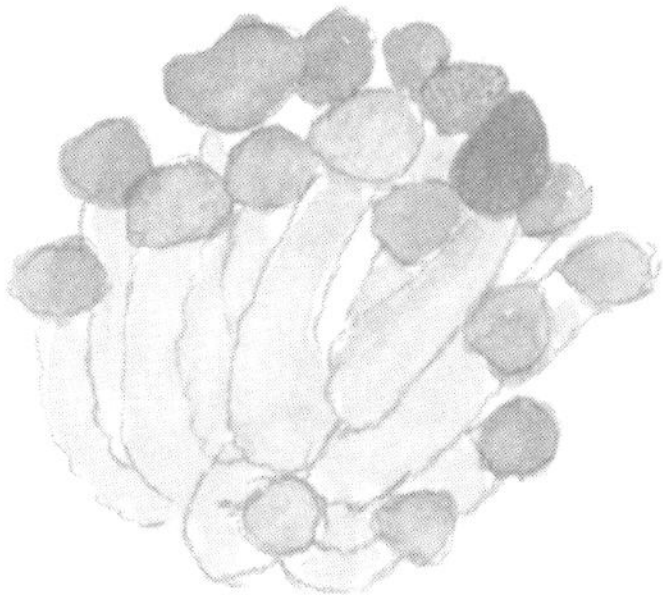

第4章 冬

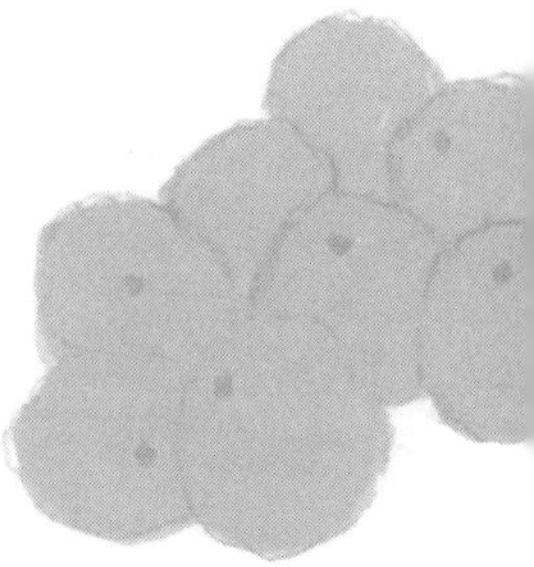

＊本書の材料、作り方にあるカップ1は200mℓ、大さじ1は15mℓ、小さじ1は5mℓです。火加減は、特に指定がない場合は中火です。

第1章

春

春を告げるふきのとうのキッシュ

友人の家に招かれたとき、人が集まるときなどに、季節の食材を使ったキッシュをよく作ります。春の定番は、何といってもふきのとうキッシュ（4ページ）。かつて友人の経営するペンションで遊びがてら料理を手伝っていたとき、春先にふきのとうがたくさん摘めるので、みんなで食べようとできたレシピです。

ふきのとうは、ふきの花のつぼみで、ふきよりも食物繊維やカリウム、ビタミンB群などの栄養が豊富。天然物は雪が溶け始める頃にいっせいに芽吹きます。

旬は2〜3月で、天ぷらやふきのとうみそなどの和食が定番ですが、卵や生クリームを使ったキッシュにすると、独特の香りやほのかな苦みは残しつつ、断然食べやすくなります。ふきのとうの季節になると、誰かしらにリクエストされるので、毎年必ずといっていいほど作っている料理です。

私なりの食養生として、**「春先に苦い芽などをたっぷり食べて、冬にたまった脂肪**

や老廃物を出すと、一年中元気で過ごせる」というものがあります。だから、山菜料理を作るときは食べ歩き仲間の友人に声をかけて、たっぷりふるまうのです。

ちなみに**キッシュは、どんな食材でもおいしく変身させてくれる料理です。**パイ（タルト）生地に、お好みの具と卵、牛乳や生クリームなど混ぜたものを流し入れて、グリュイエールチーズをかけて焼き上げるのが一般的な作り方。もともとはフランスのアルザス・ロレーヌ地方の郷土料理なのですが、日本でもカフェやパン屋さんなどでよく見かけるようになりました。

通常はキッシュの土台として簡単なパイ生地を焼くのですが、ちょっと手間だと感じることも。そんなときは、**パイなしのキッシュを作ります。耐熱容器に具を入れ、キッシュ液を流して焼くだけだからカロリー低めで簡単。**食卓に器ごと出して、スプーンで取り分けていただきます。

このキッシュは手軽に作れるうえに、パイ生地がない分エネルギーも低くなり、和の食卓にもなじみます。小さな耐熱のココットで1人分ずつ焼けば、おもてなし料理の一品としても重宝しますよ。

キッシュといえば、以前、パリで出会ったお店が今も忘れられません。美術館の帰り道、パリの狭い路地で、なんとも可愛らしい佇《たたず》まいのお店を発見。食いしんぼうの血が騒いで近づくと、窓辺に大小のキッシュがずらりと並んでいたのです。

それまで、ほうれんそう、ベーコン、サーモンなど決まった具を入れるものとばかり思い込んでいたので、その店のキッシュの種類の多さにびっくり。圧倒されながらも、キッシュはどんな具を入れてもいい料理なのだと気づかされました。

この経験が、ふきのとうキッシュを思いつくきっかけでした。決まったパターンにとらわれず、**「この食材を使ってみたら？」「この調味料に変えてみたら？」と、自由な発想で料理を考えると、思いがけないおいしさの発見につながることがあります。**

さて、そのときは、迷いに迷ってセロリアックのキッシュをいただきました。セロリアックはヨーロッパでは冬から初夏にかけて旬を迎え、根セロリとも呼ばれますが、セロリの根ではなく別のセリ科の植物です。

食べるのは肥大化した根茎で、セロリよりもやさしい香り。ヨーロッパではおなじみの野菜です。あちらの国でも、季節の野菜をうまく取り入れながら日々の食事を楽しんでいるのでしょう。

ふきのとうのキッシュ

材料（作りやすい分量）

ふきのとう…120g
玉ねぎ…½個
ベーコン…2枚
A［卵2個　生クリームカップ1　グリュイエールチーズ（すりおろす）70g
塩小さじ⅓　こしょう少々］
バター…大さじ2
塩、こしょう…各少々

作り方

①玉ねぎは薄切りにする。ふきのとうは2つに切って5〜6㎜幅の薄切りに。ベーコンは1㎝幅に切る。Aは混ぜ合わせる。
②バターで玉ねぎを炒め、しんなりとしたらベーコン、ふきのとうを加えて炒める。塩、こしょうをふり、Aを加えて混ぜる。
③耐熱の器に❷を入れ、220℃に温めたオーブンで15〜20分焼く。

たけのこの楽しみあれこれ

別名「刈りとりジュンコ」と友人にからかわれるくらい、摘んだり刈ったり収穫するのが大好きです。気候のよい頃に山菜採りやブルーベリー摘みなど、いそいそと出かけます。野山を歩き回っているうちに、草花の名前にもずいぶん詳しくなり、家のある場所から多摩あたりまで咲く花の名前はほとんど言えるほど。

フジテレビ『バイキング』の「生中継！サンドウィッチマンの日本全国地引き網クッキング」で全国の海岸を回ったときも、毎回ワクワクしていました。もちろん、**その場でとれた魚で、5分足らずで即興の料理を仕上げるから緊張はしましたが、新鮮な食材との出会いほど心が躍るものはありません。**

そんな楽しみ方のルーツは、幼い頃からの野遊びにあると思います。私の母は野遊びが好きで、春はたけのこ掘り、秋はまつたけ狩りと、家族はもちろん、ご近所の方とも連れ立って季節ごとに出かけていました。そのなかで、私は野草やたけのこのとれたての味を知りました。

たけのこは、とれたてかそうでないかで、おいしさにかなり差が出ます。**一般的にたくさん出回る孟宗竹《もうそうちく》が一番おいしいのは、4〜5月です。新鮮なたけのこが手に入ったら、ゆでることが最優先と思ってください。**あくが強く、切り取って時間が経つほどえぐみが出てしまうからです。

栄養的にはアミノ酸バランスがよく、**疲労回復に役立つほか、不溶性食物繊維も豊富なので便秘を改善したいときにもぴったり。**低カロリーなのもうれしいですね。

家庭で作るたけのこ料理といえば、若竹煮やたけのこご飯、土佐煮などが代表的。でも、**新鮮なたけのこは大ぶりに切ってソテーするだけで本当においしいのです。**

多めの油を熱してゆでたたけのこをジャーッと焼き、しょうゆを少したらして、山椒の葉を刻んだものを散らすだけ。ごく簡単な料理ですが、たけのこの香りと、歯ごたえが楽しめる春ならではの一品です。

たけのこは穂先のほうがやわらかく、根元のほうがかためと、部位によって食感が違うため、分けて調理することもよくあります。私は根元のほうは細切りにして、干しえび、刻んだ高菜などといっしょにカリカリに炒め、しょうゆと酒で味つけすることも。保存もきいて味わい深く、酒の肴《さかな》にも白いご飯のお供にもぴったりです。

ひと手間かかりますが、**たけのこのフライ**もおすすめ。合わせた調味液につけてからパン粉の衣をつけてカリッと揚げます。かるい食感で、たけのこの香りが口いっぱいに広がり、旬のおいしさを満喫できる一品です。

たけのこのフライ

材料（作りやすい分量）

ゆでたけのこ…小2個

A［しょうゆ数滴　塩小さじ1/5　だし汁カップ1/2］

小麦粉、溶き卵、パン粉…各適量

揚げ油…適量

作り方

①たけのこは6等分のくし形に切り、Aに浸す。

②❶の汁けをきり、小麦粉、溶き卵、パン粉の順に衣をつけ、170℃の揚げ油で揚げる。

ひな祭りの根菜みそグラタン

ふだんは愛猫との生活ですが、人といっしょに食事をする機会が月に何度かあります。私と同じように食べることが大好きな仲間がいて、話題のお店へ出かけたり、気のおけない友人と誰かの家に集まったり。

ときには、珍しい食材が手に入ったけれど、調理するのが難しいから助けてと急に呼ばれ、マイ包丁を持っていそいそと出かけることもあります。

誰かの家に集まるときは、それぞれ食べるものを持っていきます。**料理が好きな人は自慢の一品を、忙しくて時間がない人や料理が得意でない人は、食後のデザートをお店で調達といった具合。**無理をせず集まり、思い思いにおしゃべりに花を咲かせながら、おいしく食べられればよいのです。

私も以前は、料理研究家という仕事柄、みんなに「おいしい！　すごいね！」と言われるものを作らなければという気持ちがありました。でも年を経るにつれて、いい意味で肩の力が抜け、気負うことがなくなりました。

　みんなで取り分けて食べるとおいしいし、人数の増減が多少あっても問題ありません。重い食材を運ぶ体力がなくなったので、「持ち運びが楽なものにしよう」でOK。あまり考えすぎずに料理を作ることにしています。

　ひな祭りの集まりのときに、時間がなく、大急ぎで作ったのが**根菜みそグラタン（4ページ）**。たまたま冷蔵庫に野菜のスープ煮があったので、それを活用しました。**野菜が半端に残ったときは、そのまま冷蔵庫にしまわず、煮たり塩もみしたり、何かしらすぐ食べられるようにアレンジして保存すると、こんなときに大助かりです。**

　ひな祭りの食卓は、おすしなど和の料理が多いので、なじむように、にんじんを花型で抜いたり、ホワイトソースを作るときにみそを加えたりと、ひと工夫。

　実は、**発酵食品のみそは、乳製品と相性がぴったり。**根菜とグラタンの組み合わせが新鮮だったのか、またお願いとリクエストされるレシピになりました。

　グラタンやキッシュは一品で見栄えもしますし、親しい人のお宅なら、生地を流すところまで仕上げておいて先方のキッチンで焼き、熱々をみんなで取り分けて食べても。持ち帰るのは、耐熱容器ひとつですから、ラクチンですよ。

根菜みそグラタン

材料（4〜5人分）

里芋…小6個
れんこん…120g
にんじん…小1本
ブロッコリー…160g
グリーンアスパラガス…2本
A［固形スープの素2個　塩小さじ½
こしょう少々］
B［バター、小麦粉各大さじ5　牛乳
カップ3　白みそ大さじ4　こしょう少々］
粉チーズ…適量

作り方

①野菜は食べやすい大きさに切る。鍋にAと水カップ2と½を合わせてにんじんを入れ、沸騰したられんこん、里芋を加える。再び沸騰したら弱火で10分煮、ブロッコリー、アスパラガスを加えて3〜4分煮、野菜がやわらかくなったらざるに上げる。ゆで汁は捨てずにとっておく。

②Bでホワイトソースを作る。バターで小麦粉を炒め、牛乳と白みそ、こしょう、❶のゆで汁カップ½を混ぜ合わせて加える。煮立ったら弱火で4〜5分、混ぜながら煮る。

③❶の野菜を加えてさっくりと混ぜ、耐熱容器に入れる。粉チーズをふって、220℃のオーブンで10〜15分焼く。

＊オーブントースターで焼いてもよい。

山菜をしゃれた洋風料理に

ふきのとうやわらび、たらの芽といった2〜5月に旬を迎える山菜類は、春ならではの味覚ですね。おひたしや天ぷらはもちろん、にんにくとオリーブオイル、赤とうがらしで作るシンプルなパスタ、「アーリオ　オーリオ　エ　ペペロンチーノ」にいろいろな山菜を入れて作るのも、春の定番料理のひとつです。

作り方は、山うどやたらの芽、こしあぶらなどの山菜をにんにくといっしょにオリーブオイルで炒め、ゆでたパスタをからめます。粉山椒をパラリとふっていただくと、山菜の香りや食感を思う存分楽しめます。この種類でなくてはいけないというルールはないので、手に入った山菜で試してみてください。

山菜は種類によって、わらびは食物繊維やビタミンCが多く、うどは塩分排出効果のあるカリウムが豊富、たらの芽はビタミンB_1やB_2、β《ベータ》カロテンを含むなど、栄養面ではそれぞれ特徴があります。

いずれも**独特のほろ苦さがありますが、**気になる場合は油を使うことで苦みがやわ**らぎますし、山菜ならではのえぐみとオリーブオイルは相性がいいと思います。**

山うどの太い部分は、パスタをゆでるとき、いっしょにやわらかくゆでると、無駄なく食べきることができます。あれば生ハムを加えると、うまみと塩けがプラスされ、満足感もアップしますよ。

また、**お好みの山菜と魚介でスープパスタ**にするのも、まだまだ肌寒い早春には、ほっとなごむおいしさです。

このパスタを作るなら、本当は自分で山菜を摘みに行きたいところです。

山中のペンションでアルバイトをしていた大学生の頃は、朝のそうじが終わると野草や山菜を摘みに行き、お客さまに夕食で楽しんでいただきました。

私は、誰にでもつい話しかけてしまう性分なので、食材の買い出しなどを通じて、地元のおばさんたちとも仲良くなり、どこで何が摘めるか、どのように摘むのかを教えてもらうこともしばしば。

当時は、ふきのとう、クレソン、わらび、行者にんにくなど、面白いようにいろいろなものがとれました。**摘むときは、根をとってしまわないように、根元でポキッと**

折るのがコツ。根を残しておくと、次の年もまたすくすくと育ってきますから。

最近はクマやイノシシがひんぱんに出没するといった問題もあり、昔のように気軽に山に入れる時代ではなくなりました。それでも、春には必ず、わらびを摘みに新潟や長野に出かけます。

今は、オプションツアーで「わらび摘み」に連れていってくれるホテルもあります。行動範囲は決められているので、どこでも好きなところへ行けるわけではありませんが、マイクロバスで現地まで運んでもらえるうえ、ひとり暮らしには十分な量のわらびを摘むことができるのですから、言うことなしです。

さらに地方に出かけたときには、「どこか山菜を摘めるところないかしら?」と人に会うたび声をかけておくと、チャンスが訪れることもあります。

残念ながら機会に恵まれないときは、道の駅などの直売所へ。車で何軒か回ると、地元ならではの新鮮な山菜を手頃な値段で買うことができ、いつのまにやら車のトランクがいっぱいになっていたりします。

遠出する余裕がないときは、デパ地下の食品売り場にも旬の山菜が出回るので、買い込んであれこれアレンジして食べるのを楽しみにしています。

山菜と魚介のスープパスタ

材料（2人分）

えび（無頭）…4尾（80g）
やりいか…小1ぱい（120g）
こごみ、ゆでたわらび（合わせて）…150g
玉ねぎ…30g
パスタ（太さ1・4mm）…120g
白ワイン…大さじ2
しょうゆ…小さじ2
顆粒洋風スープの素…小さじ1
塩、こしょう…各少々
サラダ油…小さじ1

作り方

①こごみは根元のかたいところを除き、わらびは5cm長さに切る。玉ねぎは薄切りにする。やりいかは食べやすく切る。
②たっぷりの熱湯に塩適量（分量外）を入れてパスタを袋の表示通りにゆでる。ゆで上がり1分前にこごみを加えてゆで、ざるに上げる。
③サラダ油で玉ねぎ、えび、いか、わらびを入れてさっと炒め、水カップ1と½、スープの素、白ワインを加える。❷を加えて塩、こしょう、しょうゆを加え、さっと煮る。

年に一度の花山椒しゃぶしゃぶ

毎年、4月の半ばから大型連休の頃にかけて、花山椒が出回るのを心待ちにしています。山椒はミカン科の低木で、独特のさわやかな香りには、魚の臭みを消したり、食欲を増進させたりする働きがあります。葉は吸い口や薬味に、実は佃煮に、果皮は粉末にしてうなぎのかば焼きなどにかけて……と和の料理には欠かせません。

それでも、花は食べたことがないという人は、意外と多いかもしれません。**山椒の花はたった2〜3週間しか出回らないので、ハンターのように青果売り場を見張っていないと、あっという間に実山椒の季節に変わってしまいます。**

山椒は黄色い小さな花を咲かせますが、つぼみのときは清々しい若草色です。葉や実よりも香りや辛みはやわらかですが、つぼみや花をかむと、口の中にふわっとさわやかな香りが広がって、体の中で自然を感じられます。

あるとき、日本料理店で花山椒鍋に出会って以来、毎年我が家でも作るようになりました。花山椒鍋は、土鍋にだしを張り、花山椒をたっぷり散らした鮮やかな緑色の鍋です。本場の関西では、**花山椒と牛肉のしゃぶしゃぶ（3ページ）**にしたり、鶏鍋にしたりすることが多いようです。

本当に限られた時期しか出回りませんから、花山椒が手に入ると同時にしゃぶしゃぶ用の牛肉を買いに走り、いつも鍋を囲む友人たちに声をかけ……と、大忙しになります。友人たちも、これだけは食べたいとはせ参じてくるわけです。

ひとり暮らしをしていても、楽しく過ごせているのは、おいしいものをいっしょに食べたり、旅をしたりする仲間に恵まれているからかもしれません。

友人に誘われたらなるべく話にのるのが私のモットー。おっくうがらず、仕事でないときはできるだけ都合をつけて参加するようにしています。

もともと料理の研究会で出会った人たちや古くからの友人ですが、60歳を過ぎてからは無理せず、気楽に付き合える友人ばかりになりました。

花山椒のように旬の時期しか味わうことのできないものを楽しんだり、昨年旅したスリランカなど、気の向くまま行ってみたいところを訪れたりする、**共通の価値観を持つ仲間がいることで、気持ちも豊かに暮らせるのでしょう。**

花山椒鍋は、材料さえそろえば、調理するのはさほど難しくありません。土鍋にだしを張り、しょうゆと酒と塩で薄く味をつければ準備ＯＫ。シンプルな料理ですから、丁寧にだしを引くことだけ心がけます。あとは花山椒を散らした鍋の中で、牛肉をしゃぶしゃぶし、花山椒がくたっとしたところで肉にまとわせて食べるのです。香りと風味があるので、ポン酢などはつけなくても大丈夫。

ただし、火の通し方でおいしさに差が出るので、このときばかりは私が鍋奉行を買って出ます。ほどよい頃合いに火が通ったところで、お客さまの器に取り分けるので、実は自分の口に入る分はちょっぴりかもしれません。締めに雑炊をいただけば、春のお楽しみはおしまいです。

花山椒は、ひとつひとつの花を手で摘まなければならず、量もとれません。忙しくてうっかり時期を逃してしまうと来年までお預けとなり、さびしい思いをします。

我が家の庭にも山椒の木はありますが、さすがに鍋にできるほど花は咲きません。**そこで花を摘み、さっとから揚げにしたら、香り高い一品になりました。**これなら少量でも、花山椒の香りを楽しめます。

もしご自宅に山椒の木があり、花が咲いたら、ぜひ試してみてくださいね。

花山椒と牛肉のしゃぶしゃぶ

材料（2～3人分）

花山椒…100～150g
牛肉（しゃぶしゃぶ用）…150g
だし汁（昆布とかつお節）…カップ2と½
酒…カップ½
薄口しょうゆ…大さじ1強～大さじ1と⅓
塩…小さじ¼強

作り方

①だし汁に、酒、薄口しょうゆ、塩を加えて温める。
②花山椒と牛肉を適量ずつ入れ、さっと火を通して器に盛る。

いろいろさや豆のサラダ

さやいんげん、きぬさや、スナップえんどう、モロッコいんげんなど、4〜6月の春から夏にかけて、さや豆類が豊富にそろいます。ごまあえなどのあえ物やみそ汁に入れたりと、下ごしらえの手間も少なく手軽に使えます。βカロテンやビタミンCを豊富に含む緑黄色野菜で、栄養的にもすぐれています。

さや豆は種類によってそれぞれ歯ごたえや味わいが違うので、私はよく2〜3種類を組み合わせて使っています。

たとえば、グリーン豆のスープ。さや豆類を3種類ほど、玉ねぎといっしょに半分くずれるくらいまで、コトコトと煮ます。ミキサーにかけてポタージュにするとなめらかな食感になりますが、私はあえてさや豆の食感が残るように仕上げるのが好み。**少し豆の形を残すことでボリュームが出るし、さや豆類の明るいグリーンが美しく、目でもおいしさと新緑の季節を感じることができます。**

さや豆類の形をしっかり残したいときは、ゆでてサラダにすることも。

この料理も、スープと同じようにでんぷん質の多いそら豆、シャキシャキとした食感のスナップえんどう、もちっと食べごたえのあるモロッコいんげんなど、3種類以上のさや豆類を用意します。いろいろな豆の味を楽しめるから、具が豆類だけでも満足感があり、豆が余ったら炒め物や煮物などにも使えるので、無駄がありません。

おいしく作るポイントは、さや豆を1種類ずつゆでること。というのも、さやの形や厚み、大きさが違うので、鮮やかな緑になり、ほどよく火が通るタイミングもそれぞれ違います。何事も見極めが肝心というわけですね。

そういえば、サンドウィッチマンの伊達さんと富澤さんとロケで全国を回っていたとき、性格はそれぞれ違うのに、町で出会うごく普通の人の面白いところをすばやく見つけ出す、細やかな人間観察力に感心することがたびたびありました。

実は最初のロケで、魚がはねた拍子に鋭いひれで手を切ったのです。生放送中だったので、気づかれないよう傷をふきんで隠すようにして、なんとか乗り切りました。でも、放送が終わるとスッと伊達さんが近づいてきて、「先生、手を切ったんじゃない？」と気遣ってくれたんです。**あんなあわただしい状況のなかでも、なんて細かく**

目配りなさっていること！　この観察力があればこそ、その場で出会った人の魅力を当意即妙に引き出せるのでしょう。

このことは、料理にも通じる部分があります。おいしい料理を作るためには、食材をよく観察して、どの程度火を通せばよいか、どんなふうに味をつければよいかを見極めて調理することが大切なのです。面倒だからとさや豆類をまとめてゆでてしまうと、見た目も、歯ごたえも今ひとつということになってしまいます。

鍋に湯を沸かし、1種類ゆでたら網じゃくしで引き上げ、次のさや豆をゆでる……というふうにすると、鍋もひとつでスムーズに作業ができ、さや豆を種類別にゆでるという作業は思ったよりも簡単。このひと手間で、それぞれのさや豆のおいしさをグッと引き出せると思えば楽なものです。

サラダにかけるドレッシングは、お好みの市販品を使っていただいてよいのですが、私は簡単なものをさっと作ることにしています。**フレンチドレッシングをベースにマスタードを混ぜたものか、ゆずこしょう十山椒を混ぜたものが多いですね。**

盛りつけるときは、スナップえんどうのさやを開いて、なかの豆が見えるようにすると、美しいグリーンサラダのかわいいアクセントになります。最後まで、食べる人のことを考えて遊び心や気配りを忘れずに、ですね。

いろいろさや豆のサラダ

材料（作りやすい分量）

そら豆、スナップえんどう、
モロッコいんげん（合わせて）…150g
A［オリーブオイル大さじ1と½
　酢大さじ1　マスタード小さじ½〜1
　塩小さじ¼　こしょう少々］
塩…適量

作り方

①さや豆3種は、それぞれ塩を加えた湯でゆでる。そら豆は薄皮をむき、モロッコいんげんは食べやすく切る。

②Aを混ぜ合わせてドレッシングを作り、❶を加えてあえる。

和洋中に合う野菜の甘酢漬け

我が家の冷蔵庫にいつも待機しているのが、保存容器いっぱいの**野菜の甘酢漬け**です。季節の野菜を甘酢に漬けただけの簡単な常備菜ですが、野菜の副菜として主菜に添えたり、ピクルスのようにカレーに添えたり、フライに添えて後味をさっぱりさせたり……と小さな野菜おかずとして、重宝します。

作り方は本当に簡単。**鍋に調味料を合わせて煮立て、切った野菜を入れるだけで、もうおしまい**。冷めたら保存容器に入れて、冷蔵庫で保存します。合わせ調味料を煮立てるのは、傷みを防ぐためです。

野菜は、にんじん、きゅうり、セロリ、かぶ、大根、パプリカなど何でも。ごぼうやにんじん、れんこんなどのかたい野菜は、調味料といっしょに煮るとほどよく火が通り、歯ごたえも楽しめます。

ピクルスには、粒こしょうやローリエなど風味づけの香辛料が入っていますが、こ

の甘酢漬けには香辛料を使わず、甘さもピクルスより控えめ。そのおかげで、和、洋、中の料理に幅広く組み合わせられます。友人の家に集まるときに、この甘酢漬けを持っていくと、さっぱりとした後味が好評です。

野菜の甘酢漬け

材料（作りやすい分量）

れんこん…小½節または100g
にんじん…½本
エリンギ、セロリ、きゅうり…各1本
みょうが…4本
新しょうが（薄切り）…大1かけ
A［酢、砂糖、水各カップ⅔　塩小さじ2］

作り方

①れんこんは4〜5㎜厚さ、にんじんは1㎝厚さの半月形に切る。エリンギは長さを半分にして縦4等分に切る。
②セロリは1㎝厚さ、きゅうりは5㎜厚さに食べやすく切る。みょうがは縦4〜6等分に切る。
③鍋にA、❶を入れて火にかけ、沸騰したら火を止めて、❷、しょうがを加える。

＊冷蔵庫で1週間ほど保存できる。

山歩きとクレソン

若い頃から野山を歩き回るのが好きだったせいか、同年代（戦後生まれですが、年齢はミステリ〜）では、体力があるほうかもしれません。

「生中継！　サンドウィッチマンの日本全国地引き網クッキング」では、砂浜に調理台を設置するのですが、準備中に潮が引いてしまい、いざ地引き網で魚がとれた場所がかなり調理台から離れていることもしばしば。

こちらもその土地の旬の魚介を想定したメニューを準備しているので、もしまるで見当違いな魚に決まってしまったら大変です。だから、真っ先に駆けつけていちばん前に陣取り、「この魚にします！」と指差し、また魚を持って調理台まで走ります。

初回は普通の靴だったので、濡れるやら走りにくいやらで大失敗。次からはレインシューズで、砂浜をダッシュ。仕事となると、気力も体力も湧くようです。

野山を歩くときには、必ずファスナー付きのポリ袋を携帯しています。なぜかって？　袋は摘んだ野草を入れたり、いろりのあるお店や宿でわらびをゆでる灰を少しいただいたりするとき重宝するからです。

長野や福島などの標高の高い山の、きれいな水が流れている沢には、クレソンが群生していることがあります。

クレソンはヨーロッパ原産の野菜ですが、明治時代に日本に伝わり、オランダがらし、水がらしなどの名でも親しまれています。βカロテンやビタミンCが豊富で、さわやかな香り。ピリッとした辛みはシニグリンという成分で食欲増進効果があります。**特に4～5月は茎が細くてやわらかく、色鮮やかでおいしい時期。**

クレソンを見つけたら、すぐさま摘みにかかりたいところですが、そろりそろりと慎重に近づきます。というのも、クレソンのコロニーのまわりには、私が大の苦手にしているヘビが生息していることが多いから……。

しかも、「いそうだなあ」と思うと、必ずと言っていいほど出会ってしまいます。春のヘビは、冬眠から覚めたばかりのせいか、のたーっとして動きが遅いのですが、あまり気持ちのいいものではありませんね。

さて、**クレソンに限らず摘んだ野草を持ち帰るときは、保存袋に入れ、息をふっと**

吹き込んでから袋の口をとめます。植物には二酸化炭素が必要なので、こうしておくと鮮度が落ちにくいんですよ。

サラダで香りと歯ごたえを楽しむのもいいですが、**クレソンとベーコンの炒め物（2ページ）**にしてもおいしい。少ししんなりさせることで、たっぷり食べられます。

クレソンとベーコンの炒め物

材料（作りやすい分量）

クレソン…60g
ベーコン…2枚
にんにく（みじん切り）…小1かけ
赤とうがらし（小口切り）…1本
酒…大さじ1
塩…小さじ¼
こしょう…少々
サラダ油…大さじ1

作り方

①クレソンは5cm長さに、ベーコンは1cm幅に切る。
②サラダ油で赤とうがらしとにんにくを炒め、香りが立ったらベーコンを加えて炒める。油がまわったら、クレソンを加えて炒め合わせ、酒、塩、こしょうで調味する。

みそ風味のピザはお好き？

人が集まるときに、よくピザを作ります。「ピザは宅配で十分」という方もいらっしゃいますが、市販のピザ生地に具をのせて焼くだけですから驚くほど簡単ですし、何より好きな具を好きなだけのせられるので、モチベーションが上がります。

一般的にピザといえば、トマトソースとサラミなどのハム・ソーセージ類、ピーマン、きのこや魚介類などを具にすることが多いですね。でも、私のピザはちょっと個性的。その季節の旬の野菜や食材をたっぷりのせるのです。

ほろ苦かったりえぐみがあったり、個性的な味が多い春の食材は、ピザ用チーズを散らして焼き上げると、主張の強いもの同士がうまくまとまって、思いがけず芳醇なハーモニーを奏でてくれます。

菜の花、わらび、うどなど、それぞれゆでたり、酢水にさらすといった下処理をしておき、トマトソースを塗ったピザ生地にのせ、チーズを散らしてオーブンへ。

お客さまに焼きたての熱々をお出しすると、宅配ピザとは違う、シンプルな大人向けの味が喜ばれます。ピザは切り分けて食べるので、おつまみなら小さめに、ランチタイムなら大きめにと、シーンに合わせて大きさを変えられるところも便利ですね。余裕があればピザ生地を手作りしてもよいのですが、市販品を使っても十分においしくでき上がります。

あるとき、トマトソースがきれていて、代わりに**みそを少し水でゆるめて塗って焼いたところ、想像以上においしい和風ピザになりました。**以来、トマトソースなしの**みそ風味の野菜ピザ**も、我が家の定番レシピとして仲間入りすることに。

私は生来父譲りで、何事も決めた通りにきちっとするのが好きな性分。けれども母は、父とは真逆の細かいことは気にしない性格。親戚からは「吉本に行けばよかったね」と言われるほど、自由奔放で、楽しい人でした。

母に、幼い頃から「いつも同じじゃなくてもいいじゃない」とことあるごとに言われたおかげで、いつのまにか私も臨機応変に対応する力がつきました。

トマトソースがないからピザが作れないなあと決めつけず、**ないならないなりに工夫のしがいがあるものです。**家にある食材で作れるレシピは何かなあ?と試してみることで、新しいおいしさとの出会いが生まれるのです。

みそ風味の野菜ピザ

材料（20㎝1枚分）

ふきのとう…2個
たらの芽…4本
ゆでわらび…4本
山うど（細いもの）…2本
ピザ生地（市販）…1枚
ピザ用チーズ（モッツァレラ）…70g
A［みそ大さじ1と½、砂糖、酒各小さじ⅓］
塩、こしょう…各適量
オリーブオイル…少々

作り方

①ふきのとうは根元のかたい部分を除き、たらの芽ははかまと根元を除き、それぞれ4等分に切る。わらびは根元を除いて5㎝長さに切る。山うどは食べやすく切る。
②オリーブオイルで❶をさっと炒め、塩、こしょうで味をととのえる。
③ピザ生地の端を1㎝残して混ぜ合わせたAを塗り、チーズの½量と❶を散らし、上から残りのチーズを散らす。300℃に温めたオーブンの上段で、7～10分焼く。

いつも同じスタイルの朝ごはん

朝のメニューは、**乳製品、卵1個、ドレッシングをかけたトマトとレタス、パン、ミルクをちょっと入れた紅茶（8ページ）**と決めています。

乳製品はブリーやカマンベールなどのチーズ、ヨーグルト、牛乳のどれか1品、トマトやレタスがないときは野菜ジュース、卵はゆでるか、目玉焼き、温泉卵などに、パンは全粒粉のトースト、ライ麦パンなどGI値が低いものを選んでいます。たまにチーズトーストなども作りますが、基本的にこのワンパターンです。

乳製品を必ず食べるのは、カルシウム補給のためです。おかげで骨密度が低いと言われたことは、これまで一度もありません。**カルシウムは青菜や海藻などからもとる必要がありますが、まずはベースとなる乳製品を毎朝きちんと食べることが大切。**

乳製品は和の献立には組み合わせにくいので、朝はご飯党という方は、昼をパンにして乳製品をとると決めてもいいですね。

朝ごはんで同じスタイルを続けるメリットは、もうひとつ。**一日の献立を考えたり、買い物したりするのがとても楽になるのです。**

一年365日、三食の献立を考えて買い物をするのは、かなり労力を使いますよね。1食分でも献立を決めてしまうと、昼と夜の分だけを考えればよいので気楽です。乳製品、卵など、毎日必ずとりたいものは朝のうちに食べておくので、昼と夜はその日の気分や体調に合わせて自由に選べます。仕事の残り物や会食などもあるので、ふだんの昼ごはん、夕ごはんには、ほとんどルールがありません。

少し食べすぎてしまった翌日には、昼はクッキーと果物、飲み物だけ、夜はおもち2個にお浸しくらいで軽くします。

毎食、きちんと栄養計算をして食べるのは、プロでも難しいことです。だからこそ、いつもバランスよく適量を食べるように意識して、自分なりの標準体重を維持しようと考えています。

年齢もあるので、無理な運動をしてダイエットしようとは考えていません。たまに気功のレッスンを受けて、身体のバランスが悪くならないように気をつけています。

油断して標準体重より何キロか増えてしまうと、てきめんに階段を上るとき最後の

2〜3段がきつくなり、減りすぎると今度は体力が落ちて風邪をひきやすく、疲れやすくもなるので、ほどほどが大切。

身体って、ほんとうに正直なものだなあと思います。

チーズトースト

材料（1人分）

食パンまたはバゲット…1枚

好みのチーズ（グリュイエール、エメンタールなど）…適量

作り方

①パンに好みのチーズを薄切りにしてのせる。オーブントースターでチーズがとろりとするまで焼く。

すり鉢いらずの白あえ

最近の家庭料理ではあまり見かけませんが、白あえが好きでよく作ります。高たんぱく低カロリーな豆腐と、野菜もしっかりとれる経済的でヘルシーなおかずですが、手間がかかるせいか、私の周りでも、作らないという人がほとんど。食卓に登場する機会がめっきり減ったように思いますが、うちの母の得意料理でした。

正統派の白あえはすり鉢でごまを丁寧にあたり、ゆでて水きりした豆腐を加えてなめらかにすり、さらにゆでた青菜やきのこ、煮たにんじんとこんにゃくを加えてあえます。**すり鉢のないご家庭も多くなっている昨今では、なかなか大変な手間ひまのかかる料理ですよね。**

私は子どもの頃から料理に興味津々で、母の台所仕事を見ているのが大好きでした。ところが私が小学1年生の頃は、下のふたりの妹が幼児と、よちよち歩きの赤ちゃん。私の行くところどこへでもついてくるので、さすがに火や刃物を使う台所は危険だからと、私まで出入り禁止になってしまいました。

しょげている私が気の毒になったのか、母が解決策を考えてくれました。台所と居間の仕切り戸の障子紙を背丈に合わせて取り除き、ここから見てなさいと言ってくれたのです。本当に自由な発想の人でした。

そんなわけで料理が仕事になってからも台所仕事は好きなので、ときには白あえのように手間のかかる料理をするのは、楽しみでもあります。それに、きちんと作った白あえは、やっぱりおいしいですから。

とはいえ、今は共働きも多く、多忙ななかで料理をする時間も限られています。面倒だからと敬遠されて、食卓から消えていくのはさびしいですね。

大好きな白あえを滅亡させないために私が提案したいのは、**手間いらず、すり鉢いらずの白あえベース**です。

ごまは、市販のすりごまを使います。木綿豆腐は昔のものに比べてやわらかいので、軽く水きりしたらボウルに入れてつぶし、すりごまと調味料を加えます。絹ごし豆腐を使う場合は、電子レンジでチンして水きりするだけ。冷蔵庫に入れておけば4～5日は持ちます。

春ならゆでたかぶの葉やら菜の花など、いろいろな野菜をこれにあえるだけで、ドレッシングいらずのおいしさですよ。

ゆでたわらびを小皿に盛りつけ、この白あえベースをソースのようにかけてお客さまにお出ししたら、思いがけずおしゃれな一品になって好評でした。

青菜のカンタン白あえ

材料（作りやすい分量）

春菊…½わ
木綿豆腐…½丁
だし汁、しょうゆ…各小さじ1
A［砂糖、みりん各大さじ½　しょうゆ小さじ1強　塩少々　すり白ごま小さじ1〜大さじ½］

作り方

①豆腐はキッチンペーパーに包んで水きりし、さらに新しいキッチンペーパーに入れて絞る。
②春菊は塩を加えた湯でゆでて水にとり、水けを絞って3cm長さに切る。だし汁としょうゆで下味をつける。
③ボウルに❶の豆腐を入れてフォークでつぶし、Aを加えて混ぜる。❷をかるく絞って加え、あえる。

ときにはペルー料理で冒険を

日本の家庭の食卓には、和、洋、中、エスニック……と、各国料理が並んでにぎやかですよね。**うちの食卓も同様で、イタリア料理のアクアパッツァの隣に、和風の野菜の甘酢漬けが並んでいたりします。**それで何の違和感もありません。

私は料理は大好きですが、日本料理、フランス料理といった、あるジャンルを極めることより、「おいしそう!」とひらめいた料理をあれこれ試してみたい性格です。ですからシェフではなく、自分のアイディアで自在にレシピを提案できる料理研究家に向いていたな、とつくづく思うのです。

レシピのヒントはいろいろなところにありますが、旅先で出会う料理や食材は刺激的です。これまでヨーロッパからアジアまで各国を旅し、気に入った場所は何度も訪れます。旅に出ようと決めたとたん、なんとか仕事をやりくりし、時間を確保できてしまうところが、我ながら不思議です。

そんななか、ぜひもう一度訪れてみたい場所が、マチュ・ピチュ。南米のペルーにあり、世界遺産でもあるインカ帝国の遺跡で有名な村です。実はペルーは美食の国としても知られ、「ワールド・トラベル・アワード」で、「世界で最も美食を楽しめる国」部門において最優秀賞を5年連続で獲得しているほど。

地球の裏側でそう気軽に行ける国ではないので、ペルー在住経験のある知人をときどき我が家に招いて、「ペルー料理を食べる会」を開いています。

ペルーの代表的な料理、生の魚を塩やライム果汁であえた「セビーチェ」。ひよこ豆に似た南米の豆とキドニービーンズに、チリパウダーやカイエンペッパーなど、いくつかのスパイスを加えて作る**豆のチリソース煮（108ページ）**。ゆでた鶏肉と練乳と牛乳に浸したパンを、黄色いとうがらしのアヒ・アマリージョであえた、**クリーミーで辛い不思議な味わいの料理（108ページ）**など。

異国の料理は材料をそろえたり、作ったりするのに手間ひまはかかりますが、ハッとするようなおいしさや食べ方の発見があります。

同じ料理を繰り返し食べるよりも、**ときにはこうして新しい味に出会うことで、日々の食事がまた一段と楽しくなるのではないでしょうか。**

column

「もったいない精神」レシピ

料理教室も撮影も、失敗や撮り直しに備えて、家庭で使うのとは比べものにならない量の食材を用意します。そして終わった後は、野菜の切れ端やライスペーパー2〜3枚など、いろいろな食材がちょっとずつ残ってしまうことに……。

持ち帰れるものはスタッフのみなさんに分けるのですが、それでも台所は半端な食材の山。そんなとき私の「もったいない精神」が、がぜん発揮されます。

仕事が終わってヘトヘトな状態で片づけをしながらも、ごぼうが少しだけ残っていればきんぴらに、大量の大根の皮があればかるく干してしょうゆ漬けに、細かく切った野菜はスープにと、何かしら料理に仕立ててしまいます。大切なのは、「後でやろう」と思わず、残っている食材を覚えているうちにさっさと使うこと。

休む間もなく手を動かしたあげく、「くたびれた〜」とぼやいていると、スタッフからは「処分すればいいのに」と笑われます。でも、まだ食べられる食材をどうしても捨てられません。それに、残りものを無駄にしたくないからと、あれこれ頭を悩ませて生まれた新しいレシピも少なくないのです。

この本でも、ライスペーパーを使った何でも生春巻きや、乾物整理から生まれた料理など、「もったいない精神」からひらめいたレシピをいくつか紹介しています。みなさんも何か残っていないか、ぜひチェックしてみてくださいね。

第 2 章

夏

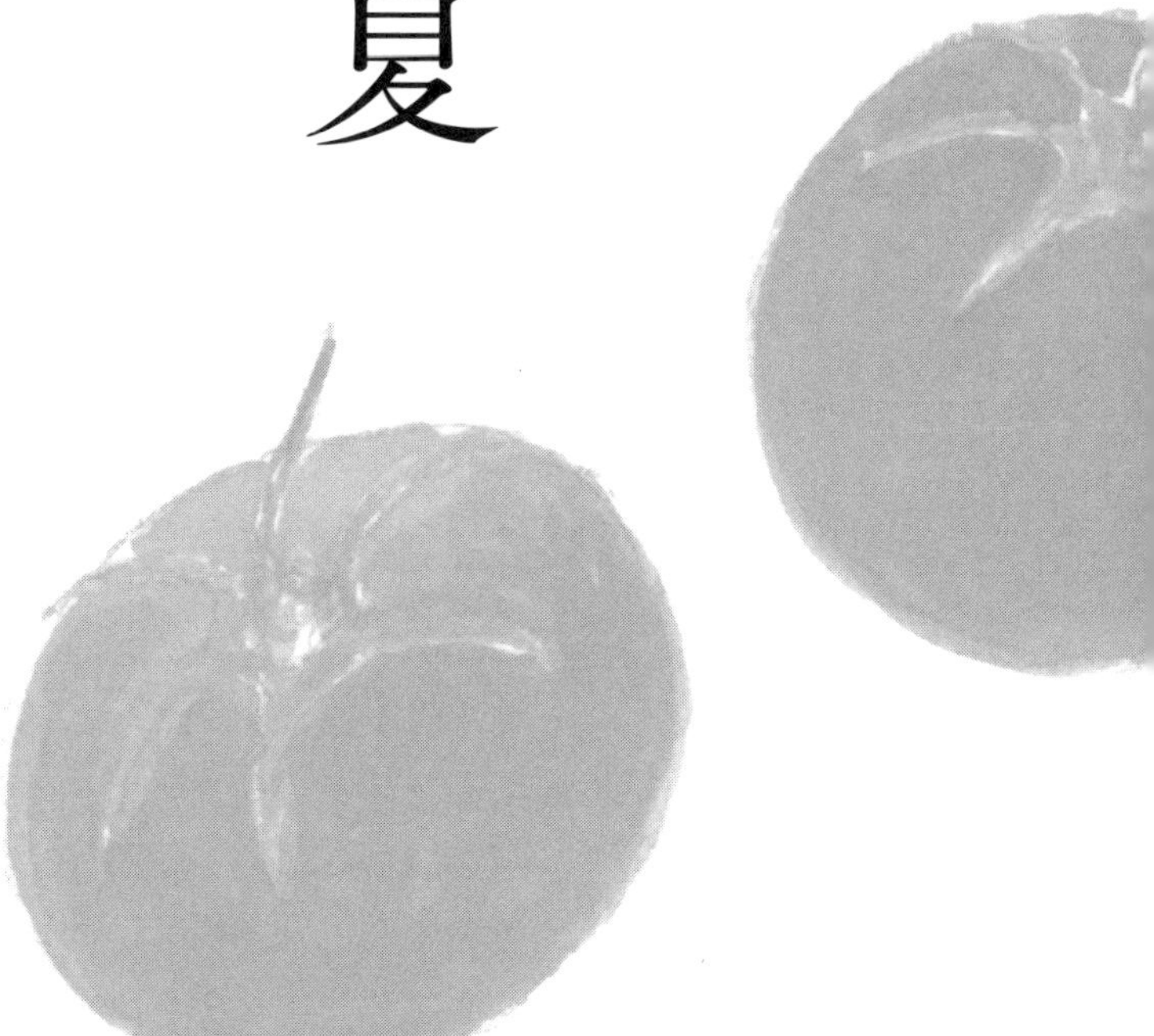

夏バテ予防に新しょうがのスープ

年を重ねるにつれ、夏の暑さや冬の寒さがこたえるようになってきました。それでも周りの人からは、「高城さんは元気ね、いつも楽しそうでいいわね」と感心されることがよくあります。

昨年は映画のロケに10日間ほど参加しましたが、食材を求めて金沢の街を自転車であちこちと走り回りました。ふだんもこれといった運動や食事制限はしていないのですが、**私が夏でも元気でいられる理由のひとつに、暑さを乗り切るために毎年欠かさず食べている、とっておきのスープがあるのです。**

中国では、「汗を出さないと体に熱がこもって夏バテする」と考えられています。そこで、本格的な夏が始まる前にしっかり汗を出せるよう、発汗作用のある食材を使った料理を食べて、毛穴を開く練習をします。

それが「新しょうがのスープ」（5ページ）です。新しょうがは、5〜8月にかけ

て出回る早掘りのしょうがです。

作り方は簡単で、乱切りにした新しょうがと、焼いた手羽先やスペアリブなど骨付きの肉、かぶるくらいの水を鍋に入れ、塩、しょうゆ、酒で味つけしてコトコト煮るだけのシンプルなスープです。

材料が少なくて手間がかからないうえに、血行をよくするしょうがのエキスと、骨付き肉から出る動物性のコラーゲンをたっぷりとることができます。

しょうがといえば、すりおろすか、せん切りやみじん切りにすることがほとんどで、ゴロゴロと一口大に切って食べることは、あまりしませんよね。煮込んでも繊維が残って、積極的に食べようという気にはなりません。

でも、**新しょうがは辛みが少なく、じっくり煮ると、ほくほくとしたお芋のような食感になります。**このスープの汁やしょうが、骨付き肉をすべて食べ終わる頃には、しょうがの辛み成分ジンゲロールのおかげで身体がポカポカと温かくなり、じんわりと汗が出てきます。

本来の中国料理では鶏を丸ごと一羽使いますが、私はもっぱらスペアリブや鶏の手羽先や手羽元を利用して、手軽に作っています。ときには新しょうがだけでなく、中国セロリやミニトマトも入れて、彩りのよいごちそうスープにすることも。

新しょうがの出回る5月の終わりから6月にかけて、本格的に暑くなる前に2回ほどこのスープを食べるようになって以来、ほとんど夏バテ知らず。

30年ほど前から勉強のために何度も中国を訪れていますが、あちらの方々が理にかなった食べ方を知っていることに、つくづく感心します。

新しょうがのスープ

材料（2人分）

新しょうが…80g
スペアリブ（5cm長さ）…4本（250g）
ミニトマト…4〜8個
A［塩小さじ1/3強　しょうゆ大さじ1
　酒大さじ1/2］
サラダ油…少々

作り方

①サラダ油を強火で熱して、スペアリブを焼き、湯をかけてざるにとる。
②鍋に❶、小さめの乱切りにした新しょうが、水カップ3を入れて煮立て、あくをとる。Aとミニトマトを加え、ふたを少しずらしてのせ、弱火で40〜50分煮る。

アクアパッツァで1人分の和献立

和の魚料理といえば、焼き魚、煮魚が定番でしょうか。ところが魚焼きグリルを洗うのがおっくうで、魚を焼くのを敬遠しがちという話もよく聞きます。魚は良質なたんぱく源ですからもっと積極的に食べたいですよね。

私は焼き魚や煮魚もいただきますが、**暑い季節に作ることが多いのはイタリアの煮魚「アクアパッツァ」**（**6ページ**）**です。**

イタリア料理というと、なんだか難しそう、食材をそろえるのが大変そうと思われるかもしれませんが、心配ご無用。これは南イタリアの料理で、魚介類を白ワインや水で煮るだけの簡単料理なのです。

しょうゆ、みそなど、和の調味料を使った煮魚とは違い、素材の味が引きたつすっきりとした塩味。**フライパンひとつあればできるので、作るのも後片づけもラクチン。1人分を気軽に作れる魚料理です。**

魚は季節によって店にあるものを選ぶのですが、1人分の場合は、切り身のほうがお買い得ですし、調理も楽。**6月頃から夏にかけて旬になるすずきや太刀魚、かじきなどがおすすめです。**

作り方は、フライパンで魚の切り身をソテーし、水とドライトマトやアンチョビ、ケイパーなどを入れて煮るだけ。

魚やケイパー、アンチョビに塩分がありますから、味をみて、塩、こしょうでととのえればでき上がりです。あれば、しめじなどのきのこ類を加えると、ボリュームのある主菜になります。

主菜がイタリア料理だからと、パンやパスタ、サラダなどを添えて、献立すべてを「イタリアン」に統一する必要はありません。

私は、献立についても堅苦しい形式にとらわれず、そのとき食べたいものをあれこれ楽しめばよいという主義。たとえば、友人同士の持ち寄りパーティで、煮物やカナッペなどちぐはぐな料理が並んでいても、いやな気持ちはしないし、むしろいろいろ味わえて、面白いではありませんか。

だから、アクアパッツァが主菜でも、青菜ののりあえや、作りおきしておいたししとうのじゃこ炒めなどを副菜として添え、白いご飯でいただきます。

冷蔵庫には常備菜が何かしら入っていますから、和の献立にするほうが用意しやすく、食べたときも気持ちがほっと安らぐ気がします。みなさんも「〜風」といった肩書にとらわれず、お好きな食べ方をしてみてください。

1人分のアクアパッツァ

材料（1人分）

すずきまたは好みの魚（切り身）…1切れ
A［あさり3〜4個　黒オリーブ1個
　ドライトマト½枚（5㎜幅に切る）］
ケイパー…小さじ1
アンチョビ…¼枚
ミニトマト…4〜5個
イタリアンパセリ（あれば。みじん切り）
　…大さじ1と½
オリーブオイル…大さじ1
塩、こしょう…各適量

作り方

①魚は塩、こしょう各少々をふり、オリーブオイルで両面をカリッと焼く。
②❶にAと水カップ¼〜⅓を加えて沸騰したらケイパーと細かくたたいたアンチョビを加えて混ぜ合わせる。中火で煮汁をかけながら煮、ほぼ火が通ったらミニトマトを加える。あさりの口が開いたら塩、こしょうで味をととのえ、あればイタリアンパセリをふる。

ついでの焼きなす

ひとり暮らしでも、朝晩は料理をしている方が多いのではないでしょうか。**でも、夕食だからといって夜に作らなければいけないわけではありません。**

私はいつも食べている朝食用のパンをオーブントースターで焼いた直後に、入れ替わりになすを1〜2本、丸ごと入れてスイッチオン。朝食を食べている間に、皮がこんがりとするまで焼いておきます。

焼いて、皮をむいて、冷やしてと、焼きなすを作るには意外と手間ひまかかるのですが、オーブントースターが温まっているこのタイミングなら、それほど時間をかけずとも効率よく焼けるのです。

あとは朝食の片づけの合間に皮をむき、保存容器に入れておくだけ。これで、夕食の副菜が一品、下ごしらえできました。

暑い夏は、料理を作るのがおっくうになることも多いですよね。そこで、**朝食や昼**

食、仕事の合間に、ちょこちょこと夕食のおかずの下ごしらえをしておく「ついで調理」が日課になっています。

一度に調理してしまったほうが電気やガスの節約にもなりますし、野菜の副菜があれば献立が豊かになり、栄養バランスも自然にととのいます。これぞ、一石二鳥。

さて、朝のうちに下ごしらえをして冷蔵庫に入れておいた「ついでの焼きなす」は、夕食どきにはひんやりと冷えて、格別のおいしさです。あとは簡単な炒め物でも作れば、立派な夕飯になります。

なすは6~9月が旬の夏野菜で、その90%は水分。でも、高血圧の予防に役立つカリウムをはじめ、ミネラルも含んでいます。

しょうがじょうゆでいただくのが定番ですが、焼きなすに**ナンプラーで味つけした炒めひき肉**をのせたり、玉ねぎの薄切りとナンプラーをかけたりと、アジア風にアレンジしても新鮮な味わいを楽しめます。

また、焼きなすにピリ辛に炒めたひき肉と干しえびをのせれば上等な一品になり、おもてなしのごちそうとしても出せそうですね。

この焼きなす、保存容器に入れておけば、冷蔵庫で2~3日は持ちます。ですから、その日の夕食に気が変わって食べそびれても大丈夫。翌日の昼ごはんに回して、サラダにしたり、おひたしにしてそうめんに添えたりと活用できます。

焼きなすの炒めひき肉のせ　アジア風

材料（作りやすい分量）

焼きなす…3本
豚ひき肉…50g
玉ねぎ…⅛個
干しえび…大さじ½
赤とうがらし（小口切り）…½本
A［レモン汁、ナンプラー各大さじ¾
　砂糖小さじ¼強］
サラダ油…少々
パクチー（あれば）…適量

作り方

①焼きなすはへたを切り落として手で裂く。玉ねぎは薄切りにして水にさらし、水けをきる。干しえびはぬるま湯でもどす。
②サラダ油を熱して、干しえび、ひき肉を順に炒める。ぽろぽろになったら、赤とうがらしを加えて火を止め、Aを加えて混ぜる。
③器に玉ねぎを盛って焼きなすをのせ、❷をかける。あれば刻んだパクチーを散らす。

いつでもあるトマトの謎

真っ赤なトマトはまさに夏のイメージですが、**ハウス栽培のものは冬から春、露地栽培のものは夏から秋に出回り、実際には春と秋が旬とも言われているようです。**いつでもあるものの、温室で育った冬と春のトマトは甘みが強く、夏と秋のトマトは酸味が強いのが特徴なので、どちらがおいしいかはお好み次第といったところでしょうか。**一般的に旬と言われる時期は、6〜9月だそうです。**

トマトはリコピンの抗酸化力で血糖値を下げたり、動脈硬化や脳卒中といった生活習慣病も防いでくれます。またトマトのうまみは料理の味を一段と深くしてくれるので、とてもありがたい食材です。

何年か前から見かけるようになった、甘いフルーツトマトは春先が出盛り期になっていて、これもまたおいしいのですが、お値段はやや張ります。夏は露地物が増え、ミニトマトも大きなトマトも手頃な値段になっていますから、気兼ねなくたっぷり使えるのがうれしいですね。

食べやすく切ってサラダにするのも手軽でおいしいのですが、新鮮なものがたくさん手に入ったときに作るレシピがあります。

ひとつは、レモン汁と砂糖で甘く煮た、**ミニトマトのコンポート**です。料理教室やメニュー提案で、「コンポートにします」と言うと、「そんなにたくさんのミニトマトを湯むきするのは大変そうですね」と、必ず言われます。でも、私の作り方はびっくりするほど手間いらず。

へたを除いてきれいに洗ったミニトマトを皮つきのまま鍋に入れ、レモン汁と砂糖などを加えてコトコト煮るだけです。少し煮ると皮が自然にはがれてきますから、それを取り除くだけ。実は湯むきしてから煮ると、煮汁がにごりやすいのです。

この方法なら、簡単なだけでなく、きれいに透き通った煮汁に真っ赤なトマトが美しいコンポートができ上がります。よく冷やしておくと、おもてなしのデザートとしても見栄えがよく、喜ばれます。

大きめのトマトがどっさりあるときは、**フレッシュトマトソース**を作ります。トマトソースは、夏以外はトマト水煮缶を利用して作っています。それはそれでおいしいのですが、フレッシュな旬の生トマトで作ると、夏ならではのあっさりとしたさわやかな味わいです。煮込まずにさっと炒めて作れます。

パスタなら冷たくても温かくても合いますし、**肉や魚のソテーにソースとしてかける（6ページ）**と、味はもちろん見た目も華やかな一品になります。冷凍保存もできますから、ぜひお好みの味のトマトが出回る時期に作ってみてください。

ポークソテーフレッシュトマトソースがけ

材料（1人分）

豚ロース厚切り肉…1枚（100g）
トマト…大1個
玉ねぎ（みじん切り）…大さじ1
にんにく（みじん切り）…小さじ½
A［ケイパー大さじ1　レモン汁¼個分］
塩、こしょう、小麦粉…各適量
バター…大さじ1と⅓
サラダ油…小さじ1

作り方

①豚肉は筋切りして包丁の背でたたき、塩、こしょうをふって小麦粉を薄くまぶす。バター大さじ⅓、サラダ油小さじ1を熱してソテーし、器に盛る。
②トマトソースは、バター大さじ1で玉ねぎとにんにくを炒める。色づいてきたら、皮をむきざく切りにしたトマト、Aを加えて塩、こしょう各少々で味をととのえ、❶にかける。

昔より使いやすくなったとうがん

とうがんはウリ科で、95％以上が水分。ビタミンCやカリウムを豊富に含み、代謝をよくする働きがあります。**6～9月が旬の夏野菜ですが、漢字で書くと、なぜか「冬瓜」**。不思議な感じがしますよね。

実はとうがんは、かぼちゃと同じように切らずに丸ごとおいておけば、冬まで保存ができるのです。かつては冬に野菜が不足しやすかったため、夏に収穫したとうがんを貯蔵しておいて食べたことが、名前の由来です。

とうがんは大きな野菜ですから、スーパーなどでは切って売られていることがほとんど。水分が多く身がやわらかいため、切ってしまうと日持ちしません。傷みやすいからとうがんを買わない、という人も多かったのではないでしょうか。

でも最近は、冷蔵庫の野菜室に丸ごと入る、ミニとうがんが出回るようになり、ぐっと使いやすくなっています。

とうがんといえば和食というイメージですが、それだけでは食卓への登場回数が少なくなってしまいますね。思い立って、**うりの一種だからと、トマトと合わせてラタトゥイユ風に煮てみたら、そのみずみずしさに驚きました。**

やや小ぶりの一口大に切ったとうがんをだし汁で煮て、仕上げにトマトを加えてさっと火を通し、粗熱をとって、冷蔵庫で冷やしておけばでき上がり。

ゆでたそうめんにオリーブオイルをからめ、ひんやりと冷えた**とうがんとトマトの煮物**をのせれば、冷製パスタ風に。とうがんの淡い緑とトマトの赤とのコントラストが美しく、おもてなしにも向く一品になります。

とうがん自体は味が淡白なので、だしなどのうまみを加えて調理するのが、おいしく食べるコツ。手早く、簡単に作りたいときにはだし代わりに帆立て缶を使って、**とうがんと帆立て缶のスープ煮（7ページ）**を作ります。薄切りにしたとうがんとトマト、帆立て缶をさっと煮るだけで、帆立てのうまみたっぷりの煮物に。塩少々と酢をほんの少し落とすだけで、ご飯においしいおかずになります。

本来は干し貝柱をもどして使う、手間のかかる中国料理なのですが、手軽に作れるよう、帆立て缶を使ったレシピにアレンジしたら、夏の定番おかずになりました。

とうがんと帆立て缶のスープ煮

材料（2～3人分）

とうがん…600g
トマト…1個
帆立て貝柱（缶詰）…小1缶
赤とうがらし…1本
鶏がらスープの素…大さじ½
ごま油…大さじ1
酒…大さじ2
酢…大さじ1
塩…小さじ½
こしょう…少々

作り方

①とうがんは皮とわたを除き、2cm幅、5～6mm厚さに切る。トマトは皮をむいてざく切りにする。

②ごま油で赤とうがらし、とうがんを炒め、酒、塩、缶汁、鶏がらスープの素、水カップ1と½を加えて7～8分煮る。貝柱とトマトを加えて5～6分煮、こしょうをふる。酢を加えて、大きく混ぜる。

レンチンかぼちゃが便利！

暑い日が続くと、火を使うのがおっくうになりますね。そんなときにぴったりな、電子レンジを活用したおかずを一品ご紹介します。私が「この料理は電子レンジで作る」と決めている料理のひとつ、**かぼちゃのサラダ（7ページ）**です。

かぼちゃは、夏から初秋にかけて収穫されます。**一般的な品種は7〜9月に収穫したものを1〜2ヵ月追熟することで、でんぷんが分解されて糖分に変わり、よけいな水分が抜けて、おいしくなるそうです。**丸ごと風通しのよい場所で保管しておけば2ヵ月も貯蔵できるから、冬まで食べられるわけですね。

そんな便利なかぼちゃですが、とにかく皮がかたくて切りにくいのが難点。丸ごと一個を切り分けていくのは、けっこうな力仕事です。

幸い、4分の1や半分にカットしたものが店頭に並んでいるので、丸ごと切る機会は少ないのですが、それでもやっぱり切りにくい。

料理に慣れていない若い方が、かぼちゃを力まかせにグイグイ切ろうとする手つきを見ていると、かなりあぶなっかしく、ハラハラする場面があります。

そこで、私の料理教室では、**「かぼちゃは少し電子レンジにかけて、やわらかくしてから切ると、包丁が入りやすくて楽よ」とアドバイスするようにしました。**

ご家庭向けにはかぼちゃは丸ごとでなく、切ってあるものがおすすめです。種とわたを取り除いてさっと水にくぐらせ、電子レンジでかるく加熱すればＯＫ。あとは料理に合わせて、一口大でも、薄切りでも、楽に切ることができます。

サラダを作るときは、切らずに電子レンジで竹串がすっと通るくらいまで加熱してからスプーンで果肉をこそげてボウルに入れ、塩、こしょうをふります。そこに、さらした玉ねぎの薄切りを入れ、ヨーグルト、マヨネーズであえるだけ。

このとき、ざっくりと混ぜるのがポイントです。マヨネーズとヨーグルトの味が強いところと、かぼちゃの味が強いところ、それぞれあるのが家庭料理ならではで、楽しいのです。このレシピならかぼちゃを切る必要がないので、お料理初心者の人にも、そして今日はおっくうで作りたくないという日にもぴったりですよね。

ところで、かぼちゃの名前は、カンボジアから伝わってきたからというのは、みなさんご存じのことと思います。

そこで、東南アジア風のかぼちゃ料理もときどき作ります。**かぼちゃのココナッツミルク煮（7ページ）**で、白いご飯にもよく合うんですよ。甘辛く煮る和風のかぼちゃ煮とはひと味違うおいしさが、ときにはうれしいのです。

かぼちゃのココナッツミルク煮

材料（2～3人分）

かぼちゃ…1/8個
ココナッツミルク…130ml
きび砂糖…大さじ1～1と1/2
ターメリック（あれば）…小さじ1/4
塩…小さじ1/2

作り方

①かぼちゃはわたと種を除き、ところどころ皮をむいて2～3cm角に切る。
②鍋に、ココナッツミルクと水カップ2/3を合わせて火にかける。沸騰したら❶、塩、きび砂糖、あればターメリックを加え、紙ぶたをする。中火で15分煮たら、紙ぶたをとり、弱火にして汁けが少なくなるまで煮詰める。

かぼちゃのサラダ

材料（2〜3人分）

かぼちゃ…1/4個（250g）
玉ねぎ…1/4個
A［プレーンヨーグルト（無糖）大さじ1
　マヨネーズ大さじ2］
塩、こしょう…各少々

作り方

①かぼちゃはわたと種を除き、水でさっと洗う。濡れたまま耐熱皿にのせてラップをかけ、電子レンジ（600W）で4分加熱。竹串を刺してスッと通れば取り出す。
②玉ねぎはスライサーで薄切りにし、塩2つまみ（分量外）を加えて混ぜ、しんなりしたら水に放して水けをよく絞る。
③ボウルに❶のかぼちゃの果肉をスプーンでこそげて入れ、塩、こしょうをふり、❷とAを加えてあえる。

ご飯に合う和風ラタトゥイユ

我が家の冷蔵庫に、夏場は必ず作りおきしてあるおかずが、**「和風ラタトゥイユ」(7ページ)**です。**冷たいままでも、温めてもおいしく、和洋どちらの献立にもなじみ、そうめんにトッピングしてもよいお助けおかずです。**暑さで疲れた身体に、くたっと煮えた野菜のうまみがしみじみとしみわたります。

ふだんのおかずですが、持ち寄りパーティに持参すると、必ず「作り方を教えて」と言われる得意料理のひとつです。

ラタトゥイユは南フランスの料理で、にんにくとオリーブオイルでトマトやなす、ズッキーニなどの野菜を蒸し煮にしたもの。組み合わせる野菜に決まりはありません。手軽で、野菜がたっぷり食べられるからでしょうか、日本ではレストランはもとより、家庭でもよく作られるようになりました。

この本家のラタトゥイユも大変おいしいのですが、日本人の主食であるご飯に合うように、和風にアレンジしたのが私のレシピです。

この和風ラタトゥイユのポイントは、梅干し、昆布、削り節など和の食材を入れ、酒、砂糖、しょうゆといった和の調味料を使うこと。

梅干しを入れますが酸っぱくはなく、すっきりさわやかな味。**うまみの出る昆布と削り節も入れることで、栄養バランスがよくなります。**

まず我が家でいちばん大きなシチューパンを出してきて、ごま油を熱し、やや大きめの一口大に切ったなす、ズッキーニ、トマト、赤ピーマンなどを次々に炒めていきます。火加減は、炒めているときにジャージャーッと大きな音がするくらい。

全体に油がまわったら、焦がさないようにだし汁を加えて、梅干し、昆布と調味料を加え、ふたをして20〜30分蒸し煮にします。**だし汁がなければ、水だけで煮てもよいでしょう。**

たっぷり作って冷やしておくと、いつでも食べられ、野菜不足とは無縁です。料理をするのがおっくうな夏は、野菜の常備菜をたっぷり食べて、ラクをしながら過ごすのがいちばんだと思います。

和風ラタトゥイユ

材料（作りやすい分量）

なす…3本
トマト、赤ピーマン…各2個
玉ねぎ…½個
ズッキーニ…小1本
昆布…5㎝
だし汁…カップ¾
梅干し…1個
削り節…2パック（5g）
酒…大さじ½
しょうゆ…大さじ¾〜1
砂糖…大さじ½
ごま油…大さじ1

作り方

①玉ねぎは8等分のくし形に切り、横半分に切る。なすは皮をむき、1㎝幅の輪切りにして水にさらす。トマトは皮をむいて2㎝角に切る。赤ピーマンは1・5㎝四方に切る。ズッキーニは1㎝幅の輪切りにする。

②鍋にごま油を熱して玉ねぎ、なすと赤ピーマンを順に炒め、トマトを加えて混ぜ合わせる。はさみで細切りにした昆布、梅干し、酒、だし汁を加えて煮立ったら弱火にし、ふたをして10分煮る。

③しょうゆ、砂糖、削り節の⅔量を加えてさっと混ぜ、さらに20分煮る。器に盛り、残りの削り節をのせる。

＊冷蔵庫で4〜5日保存できる。

自家製塩こうじの野菜漬け

長年、朝食に食べるヨーグルトは、ヨーグルトメーカーで作っています。そのヨーグルトメーカーの機能が進化して、塩こうじも作れるようになってから、我が家のレシピに塩こうじを使ったものが増えました。

塩こうじは、米こうじに塩と水を加えて発酵させたもので、塩味とほんのりとした甘みがあります。家庭で手作りして使うのが一時ブームになりましたが、今ではすぐに使える液体の塩こうじも市販されていますね。

塩こうじに漬けると肉がやわらかくなるので、鶏むね肉と塩こうじをポリ袋に入れて、もみ込んでからソテーするのも便利な使い方ですが、私のおすすめはとにかく野菜です。**たいていの野菜が漬けられるのはぬか床と同じですが、大きな違いは、毎日混ぜるといったメンテナンスの手間がないこと。**

必要なときにポリ袋などで作れるので、時間がなくてピクルス液を作れないときでも、ポリ袋に塩こうじと切った野菜を入れて袋の上からもんでおくだけで、しばらくすれば、いい塩梅になるのですからありがたい。

そこで、**せっせといろいろな野菜を塩こうじに漬けて試した結果、今のところ軍配が上がるのはゴーヤと青梗菜《チンゲンツァイ》です。**ゴーヤは種とわたを除いて薄切りにし、塩をふって水けを絞ってから漬けています。こうすると、水けを絞るときに少し苦みがとれ、すっきりとしたほどよい苦みになります。青梗菜は茎がサクサクとした食感で、くせになるおいしさです。ただし、**漬ける時間が長くなるほど、どんどん水が出てしまいますから、せいぜい半日程度を目安にしましょう。**

ほかに、セロリやにんじんのスティックも、サクサクとした歯ごたえが好きでよく漬けています。塩こうじの量は適当なのですが、青梗菜1株なら、小さじ1くらいを目安に。多すぎてしょっぱいな、というときは水で洗って食べればいいのです。**漬けるときの大切なポイントは、なんといっても野菜の鮮度。**フレッシュなうちに漬けたほうが、断然おいしくでき上がります。

塩こうじは調味料としても使えますから、自家製ドレッシングを作り、夏野菜のサラダにかけていただくのもおいしいです。

塩こうじの手作りドレッシング

材料（作りやすい分量）

塩こうじ…大さじ1
レモン汁…大さじ2
オリーブオイル（お好みのオイルでも）…大さじ3
粒マスタード…小さじ½

作り方

すべての材料をよく混ぜ合わせる。

＊冷蔵庫で10日ほど保存できる。

ゴーヤの塩こうじ漬け

材料（作りやすい分量）

ゴーヤ…1本（250g）
塩こうじ…大さじ3

作り方

①ゴーヤは縦半分に切り、種とわたを除いて5㎜幅に切る。
②保存袋に❶と塩こうじを入れてもみ、冷蔵庫で一晩漬ける。

食欲不振には酢の物がいちばん！

食欲がなくなりがちな暑い日には、料理に酸味をプラスしています。レモンや酢に含まれるクエン酸は、疲労回復に役立ちますし、酢には殺菌作用もあります。そのため暑さで疲労がたまっているときにはもってこい。

酸味といってもその種類はいろいろで、米酢や黒酢のほかにもレモン汁、ポン酢、ワインビネガーなど、それぞれ香りや味わいに差があり、食材や料理に合わせて好みのものを使い分けるのが楽しみでもあります。

最近は、上質なお酢を水で薄めて飲むという健康法も流行っているようですが、私は忘れっぽいので、やはり毎日の食事でとり入れるほうが楽です。

お酢は肝臓の働きを高め、アルコールの分解を助けてくれるので、**お酒を飲む前にとると二日酔いの防止になると言われています。**たまに、「お酒が強そうですね」と言われますが、会食などでちょっとお付き合い程度に飲むくらいで、ひとりの食事のときはもっぱらお茶か水です。

さて、酢を使った料理というと、定番のきゅうりとわかめの酢の物やうどの酢みそあえ、ピクルス、酢豚などを思い浮かべる方が多いでしょうか。

私も酢の物やピクルスはよく作りますが、**献立の主菜になる肉や魚の料理にも調味料やソースとして、どんどん酢やレモン、かぼすを使います。**

たとえば魚を焼いたら、ワインビネガーもしくはポン酢をさっとかけたり、ソテーした肉に、刻みトマトを加えたワインビネガーをソース代わりに添えたり……。

かけるだけなので簡単ですし、酸味が加わることでぐっと食べやすくなるから不思議です。焼きたて熱々の肉や魚が冷めてしまうのも、夏の暑い時期なら許されるかなと、ゆるーく考えています。

家族の人数が少ない場合は、酢を開栓したまま長く置いておくと、酸化して風味が落ちます。**特にポン酢などのだしが入ったものは、1ヵ月ほどで味が変わってしまいます。**原料によって酸味の強さや香りが異なるので、小さいサイズの好みのものを1～2本選んで使い回すほうが味も新鮮で、無駄がないでしょう。

きゅうりのヨーグルトスープ

夏は汗をたくさんかくので、熱中症予防のためにも水分補給が大切です。こまめな水分補給をと、盛んにニュースでも呼びかけていますね。水やお茶、スポーツドリンクなどの飲み物で水分をとることも必要ですが、私は食事でも水分補給ができる食材を献立に取り入れるようにしています。

なかでも、**6~8月に旬を迎えるウリ科の野菜や果物は、水分補給にも、汗といっしょに失われるカリウムの補給にも役立ちます。**

きゅうりやゴーヤ、すいかがその代表でしょうか。そうめんかぼちゃという、なかがそうめんのような糸状になったかぼちゃも、シャキシャキとした食感でおいしいので、スーパーなどで見つけるとうれしくなります。

ひとつだけ気をつけなければいけないのが、ウリ科の野菜や果物は、体を冷やしてしまうこと。**私は暑い日でも、キンキンに冷えた物は飲まないようにしています。**

飲み物が冷たすぎるなと感じるときには、電子レンジで常温程度に軽く温めて飲むほどです。

冬の京都を旅していたときに、行きつけのお漬物屋さんで、「おいしいから、食べてみて」と塩きゅうりを試食させてもらったことがありました。

いつもは気をつけているのに、**つい食い意地に負けて、1本ペロリと平らげたところ、てきめんに体が冷えてお腹が痛くなってしまいました。**とてもおいしかったのですが、やはりウリ科の野菜は体が冷えるのだと実感した出来事でした。

もちろん夏の暑い季節は、サクサクと口当たりもよく、水分補給もできますから、ウリ科の野菜を適度に食べています。

なかでもお気に入りは**きゅうりのヨーグルトスープ**で、材料をミキサーに入れて混ぜるだけの手軽な冷たいスープです。バゲットを少量加えてとろみをつけると、のどごしがよくなります。

インド料理では、ラッシーなどヨーグルトを使った飲み物が定番ですが、このスープも、「ライタ」という野菜や果物をスパイス入りのヨーグルトであえたサラダをヒントに考えたものです。

気温の高いインドでは、食欲増進や健康効果のためにもスパイスをふんだんに使うので、ライタにもローストしたクミンシードなどが入っています。

でも、日本の食卓では香りが強すぎるとほかの料理と合わないとか、スパイスが苦手という方もいらっしゃいますね。**そこで、このスープは器に盛りつけてから、食べるときに好みに合わせてクミンパウダーをふるようにしています。**

きゅうりのヨーグルトスープ

材料（2人分）

きゅうり…1本
ヨーグルト…80g
バゲット…1㎝
A［オリーブオイル大さじ1　ワインビネガー小さじ1　塩、こしょう各少々］
オリーブオイル…少々
ミント（あれば）…2枚
クミンパウダー（好みで）…適宜

作り方

①きゅうりは縦四つ切りにし、3〜4㎜幅に切る。バゲットは水に浸し、水けをよくきる。
②ミキサーに❶、ヨーグルト、Aを入れ、攪拌《かくはん》する。器に注ぎ、オリーブオイルをたらし、ミントを添え、お好みでクミンパウダーをふる。

ズッキーニはかぼちゃの仲間

ズッキーニは、ラタトゥイユに入っていたり、焼き目がつくようにグリルして肉や魚の料理に添えたりすることが多いので、洋野菜のイメージかもしれません。でも、お隣の国、韓国ではズッキーニの料理がよく食卓にのぼります。そして、どれも本当においしいのです。

形はきゅうりによく似ている淡色野菜ですが、実はかぼちゃの仲間。抗酸化作用のあるβカロテンが豊富です。**ズッキーニの旬は6〜9月の初夏から夏にかけて。かぼちゃと違って収穫後の追熟はしないので、新鮮なうちに食べるのがいい野菜です。**

また、かぼちゃに比べて水っぽく、淡白な味わいで、ラタトゥイユ以外の調理法がピンとこないという声もよく聞きます。

では韓国では、どんなふうに食べているのでしょう。よくお目にかかる料理は、**ズッキーニのナムル（7ページ）**です。ズッキーニを薄切りにして塩をふり、しんなりしたら水けを絞り、ごま油でさっと炒めるだけ。

日本でいえば、きゅうりの塩もみに近い究極にシンプルな家庭料理なのですが、どんな料理とも合い、くせになるおいしさです。

韓国ではなく、大阪・鶴橋の市場で出会ったのが、**ズッキーニのジョン（108ページ）**。ジョンとは、薄めに切った食材に、塩、こしょうをふり、小麦粉をまぶして溶き卵をからめ、多めのごま油で両面を焼き上げる韓国料理です。

またその市場では、福井から届いたばかりの新鮮なぐじ（甘だい）のジョンも売られていて、こちらも忘れられない味のひとつ。ぐじは高級魚ですし、なかなか手に入りませんから、あじなどで作ると家庭向けの簡単な夏のおかずになると思います。

私は食べることが大好きなので、旅先やロケ先では必ず地元の店を訪れます。食事をしながら「映画のロケで来ているんですよ」と地元の方と話して情報交換。そうして交流を持つことで、土地の食材について詳しく知ることができたり、食材が足りないときに仲よくなった方に助けてもらったりすることもあるのです。靴が壊れて困っていたところ、靴を貸していただいたことまでありました。

そうそう、ズッキーニでしたね。ジョンにするなら、**魚だけでは溶き卵が残ってし**

まうので、ついでにズッキーニやなすなどの野菜にも卵をからめて焼くと、無駄がありません。

ズッキーニは個性のある味ではありませんが、ジョンにするとコクが出ます。魚も野菜もいっしょにとれますから、バランスのよい一品になりますね。

ズッキーニのナムル

材料（2～3人分）

ズッキーニ…1本（150g）
A［しょうゆ大さじ¾　ごま油小さじ1　塩、こしょう各少々］
長ねぎ（みじん切り）…3cm
切り白ごま…小さじ1
塩…小さじ¼
ごま油…小さじ1

作り方

①ズッキーニは縦半分にしてから斜め薄切りにする。塩をふり、しんなりするまでおき、さっと洗って、水けをよく絞る。
②ごま油で❶をさっと炒める。A、長ねぎと白ごまを順に加えて混ぜ合わせる。

大阪の味・伏見とうがらし

大好きな夏のおかずはと聞かれて真っ先に思い浮かぶのが、くたくたに甘辛く煮た伏見とうがらしの炒め煮（7ページ）です。大甘とうがらしの一種で、「伏見甘長とうがらし」というのが正式名称だそうです。

万願寺とうがらしは、伏見とうがらしを品種改良したもので、やや大ぶり。**いちばんおいしいシーズンは、露地物が出回る6月下旬〜8月下旬の初夏から夏にかけて。**

とうがらしは「辛いもの」というイメージですが、伏見とうがらし、万願寺とうがらし、ししとうは甘味種ですから辛くありません。もっとも、ししとうはものすごく辛いものがたまに混じっていて、「大当たり！」となることもありますね。

栄養的にはビタミンCが豊富で夏バテ解消にも役立つほか、βカロテンも豊富に含んでいますから油で調理すると効率よくとれます。「炒め煮」は、栄養的にもすぐれたおかずと言えますね。甘長とうがらしは、切らずにそのままグリルで焼いて、ダイナミックに食べるのもおいしいものです。

さて、油で炒めて、酒、しょうゆ、みりんで甘辛く煮るのは、甘とうがらしの仲間ならどれでもよく、私もししとうで作ることもあります。

ただ、母が大阪出身で幼い頃から食べつけているせいか、伏見とうがらしで作ったものがいちばんしっくりくる気がします。

今でこそ地方の野菜も手に入りやすくなりましたが、幼い頃は、伏見とうがらしや葉ねぎなど関西の食材は、東京より近い名古屋ですらめったに手に入りませんでした。**母の実家に行って里帰りから戻るときは、あれもこれもと欲張って大荷物を運ぶはめになり、親戚に「欲と二人連れ」とからかわれたものです。**

夏に京都へ行くときには、万願寺とうがらしか伏見とうがらし、そして玉ねぎ入りのさつま揚げを必ず求めることにしています。帰宅したら、さっそくグリルで焼いて、お手製のしょうがソースで食べるのが最高のお楽しみ。

さつま揚げなどの練り物は、電子レンジで温めるよりも、グリルで焼くと表面がカリッとして香ばしく、味が引き立ちますので、ぜひお試しください。

しょうがソースは、すりおろしたしょうがにしょうゆ、煮きりみりんや酢を好みで

加えたものです。甘長とうがらしやさつま揚げを食べるときだけでなく、豆腐ステーキやゆでたしゃぶしゃぶ肉にかけたりしてもおいしい。瓶に入れて冷蔵しておくと、日持ちするので重宝しています。

伏見とうがらしの炒め煮

材料（作りやすい分量）

伏見とうがらし…200g
削り節…小1袋（2g）
だし汁…カップ1/3
A［酒カップ1/4　砂糖、みりん各大さじ1/2　しょうゆ大さじ1強］
ごま油…大さじ1

作り方

①伏見とうがらしはへたを除き、皮に穴を開ける。
②ごま油で伏見とうがらしを炒め、しんなりしたらだし汁とAを加える。沸騰したら弱火〜中火で汁けがなくなるまでいり煮にする。削り節を加えて混ぜ合わせる。

＊冷蔵庫で4〜5日保存できる。

夏こそ香味野菜をふんだんに

みょうが、青じそ、かいわれ菜、青ねぎなどの香味野菜は、そのさわやかな香りで、暑い季節の食事をおいしくしてくれる、夏には欠かせない食材です。

我が家の庭でも、レモンや山椒の木のほかに、日々の食卓を豊かにしてくれる和洋さまざまな香味野菜が茂っています。家で育てたものは農薬などの心配もないし、ちょっと使いたいときに便利です。

夏によく食べるのは、あじ、太刀魚、いわしなどの焼き魚との組み合わせでしょうか。グリルで焼いたりソテーしたものに、刻んだ香味野菜をたっぷりと添えるようにしています。青背の魚は臭みが気になりがちですが、香味野菜を添えることで気にならず、おいしく食べることができます。

刻んだ香味野菜を酢みそであえて添えると、今日はなんとなく食欲がないなあというときでも、食が進むから不思議。香りの力って大きいですね。

野菜の甘酢漬けは夏にもよく作っていますが、必ずと言っていいほど、**みょうがの甘酢漬け**は作っています。**みょうがは通常6～10月に出回ります。**酢に漬けるときれいなピンク色になり、焼き魚や冷ややっこなどに刻んで添えると、目でも楽しめるおかずになります。

また、刻んですし飯に混ぜてもさわやか。α《アルファ》ピネンという香り成分には、食欲増進や血行をよくする働きがあるので、暑さで食欲がないときにももってこい。

ただし、みょうがは生のまま甘酢に漬けるだけではきれいに発色しません。**さっとゆで、熱いうちに甘酢に漬けるのがポイントです。**ゆでるとみょうがの色があせたように見えて「おやっ」とあわてますが、甘酢に漬けておくと次第に鮮やかな色が出てきますから、ご安心を。

梅肉と香味野菜を組み合わせて使うのもいいでしょう。梅干しにはクエン酸が含まれており、疲労回復に役立つうえ、殺菌作用もあります。

何より、ほどよい酸っぱさが料理を食べやすくしてくれます。**梅干しの種を除いてたたき、刻んだみょうが、青じそ、かいわれ菜とあえて、魚の塩焼きにのせて食べるのも私の定番スタイルのひとつです。**

食欲がないからと、きちんと食べずに過ごしていると、どうしても夏バテしやすくなります。できるだけおいしく食べられるような工夫をして、しっかり食生活をととのえていきたいですね。

みょうがの甘酢漬け

材料（作りやすい分量）

みょうが…7〜10個
A［酢カップ1/2　砂糖大さじ1と1/2
　塩小さじ1/2　昆布2・5cm角］
塩…小さじ3/4

作り方

①保存容器にAを合わせて混ぜる。
②みょうがは縦半分に切って塩をふり、10分ほどおく。沸騰した湯で20〜30秒ゆでて網ですくいとり、熱いうちにAに漬ける。
＊冷蔵庫で10日ほど保存できる。

卵つゆそうめんはお助けメニュー

暑い季節に定番の昼食といえば、そうめん。ひんやりとのどごしがよく、うだるような暑さの日でもおいしくいただくことができますね。

いつもは器にゆでたそうめんを盛り、枝豆や温泉卵をのせて、栄養バランスよく食べることにしているのですが、仕事などでバタバタしていて、それすら準備する時間がないときも、もちろんあります。

そんなときのお助けメニューが、**「卵つゆそうめん」**。生卵にしょうゆを加えて混ぜたり、2倍濃縮の市販のめんつゆに生卵1個を落とし、溶き混ぜてつけつゆにするだけです。あっという間に作れるうえ、そうめんといっしょに卵1個分のたんぱく質がとれる、手軽でヘルシーなお昼ごはん。

つゆに削り節1パックを入れると、さらに風味が増します。卵かけご飯が好き！という人にもおすすめです。

もうひとつ、人が来たときによく作るお手軽メニューが**「カルボナーラ風たらこそうめん」**です。たらこと生クリームを合わせて、ゆでたそうめんをあえるだけで完成します。コクとうまみがあるので、若い人にも喜ばれますよ。

これもまた作り方は簡単で、薄皮を取り除いたたらこと生クリームをボウルによく混ぜ合わせておき、ゆでたそうめんとしょうゆ少々を加えてあえればでき上がり。2人分でそうめん150g、たらこ大½腹、生クリーム100㎖が目安です。

生クリームがなければ、たらこと自家製ヨーグルトであえても、さっぱりした味わいでおいしい。たらこはそうめんと相性がよいので、すりおろした山芋とたらこを混ぜ、めんつゆでのばしたつけつゆもおいしいですよ。

そうめんにボリュームを足したいときは、**うなぎのかば焼きと刻みきゅうりをのせたうな丼風**に。野菜が不足ぎみのときには、**トマトジュースとめんつゆを合わせたつけつゆ**にすると、ほどよく酸味がきいて、暑い日もさわやか。午後の仕事も元気よくスタートできます。

そうめんの食べ方は、ほかにもいろいろありますが、**私が心がけているのは、どんなに忙しくても、そうめんとつゆだけで終わらせないこと。**

ゆでたそうめんに、刻んだきゅうり、ゆでた肉かハムなど具をのせてつゆをかけるぶっかけスタイルで、彩りよく、バランスよく食べるようにしています。見た目はそうめんというよりは、冷やし中華風ですが……。そうめんひとつとってみても、こうして次から次へといろいろな食べ方を試してみたくなります。

なにしろ子どもの頃から料理を作るのは大好きで、外出した母から電話で「ねぎを刻んでおいて」などと頼まれると、いそいそと台所に立っていました。友人の家で初めてコーラを飲み、帰宅してからインスタントコーヒーで珍妙なコーラもどきを作って妹に飲ませたことは、今でも家族の笑い話になっています。

そうめんに限らず、さっとすませたい自分だけの昼ごはんでも、あり合わせのものでよいから、できるだけ主食にたんぱく質がとれる肉、魚、卵やビタミン源になる野菜を併せて食べるようにすると、暑い日が続いても元気に過ごせる気がします。

めんつゆは手作りしてもよいのですが、無理せずにお好みの市販品を常備しておき、より手軽に作ってよいと思います。**最近では添加物の少ないおいしいめんつゆも増えているうえ、和風の煮物にも使えますから大変便利です。**

年明けと梅雨前には乾物整理

1年に2回、年明けと梅雨前に乾物の整理をすることにしています。

仕事関係で人の出入りが多く、おせち料理をたくさん作っていた頃は、年末にだしをたくさんとるのが常でした。一番だしをとったあとの昆布と削り節が大量にあったので、二番だしをとり、型抜きして残った野菜や油揚げとともに、ひじきなどの乾物類を煮て使い切っていました。

乾物は食物繊維が豊富で、常温で長期保存もできる優れた食品なのですが、ずっとそのままにしておくと、味が落ちたり、かびがついたりすることも。そこで、おせち料理を作る機会が減ってからは、乾物を整理する時期を決めることにしたのです。

乾物はもどす時間と手間がかかるので、1袋全部をもどし、すべて調理します。もどすと量が2～3倍になりますから、1種類の料理だけでは食べ飽きてしまいます。ですからひじきなら、半分は定番のひじき煮に、残りは**ひき肉とひじきをケチャッ**

プ味で炒めたり、ピーマンとひじきをごま酢であえたり、玉ねぎと豚肉、ひじきをカレー風味で炒め煮にしたりとアレンジ。

しょうゆ、ごま酢、トマトケチャップ、カレーと味が変わるせいか、飽きずにおいしく食べられ、乾物に興味のない若い世代にも喜ばれます。

人に話すと、「えーっ。そんな組み合わせ、ありなんですか?」と驚かれますが、私からすれば、どうして試してみないんだろうと不思議です。

うちの母は料理上手でしたが、とんかつの献立でキャベツを買い忘れたのに気づいたら、何食わぬ顔で白菜をせん切りにして添えるような人でした。

妹と私が不満そうな顔をすると、「あら、白菜に失礼よ。とんかつに添えるせん切りはキャベツって、誰が決めたの?」と、とぼけていました。

いつしか私もその流儀に染まったようで、**調理法と素材の組み合わせにとらわれない発想から生まれた、自慢のレシピがいくつもあります。**

ひじきと同じように、たいていのご家庭で常備している切り干し大根であれば、炒め煮のほか、はりはり漬けにするなど、食感を変えてもよいでしょう。

ひじきのケチャップ煮

材料（作りやすい分量）

ひじき（乾燥）…30g
牛ひき肉…100g
ピーマン…2個
長ねぎ…5cm
A［しょうゆ、酒、片栗粉各小さじ½］
B［トマトケチャップ大さじ3
　しょうゆ大さじ½　砂糖小さじ1
　顆粒洋風スープの素小さじ½　水カップ⅓］
ごま油…大さじ½

作り方

①ひじきは水でもどして水けをきり、ざく切りにする。ピーマンはへたと種を除いて縦細切りに、長ねぎは小口切りにする。ひき肉は、**A**を加えてざっくり混ぜる。

②ごま油でねぎ、ひき肉を順に炒める。肉の色が変わったら、ピーマン、ひじきを加えて炒め、**B**を加えて弱火で汁けがなくなるまで炒め煮にする。

ひじきのごま酢あえ

材料（作りやすい分量）

ひじき（乾燥）…20g
カラーピーマン（好みの色）…1個

作り方

①ひじきは水でもどして水けをきり、ざく切りにする。ピーマンはへたと種を除いて縦細切りにし

すり白ごま…大さじ2と½
A［だし汁、しょうゆ各大さじ½］
B［だし汁大さじ½　しょうゆ小さじ2強
砂糖小さじ2　酢大さじ2］

て、長さを3等分にする。
②Aを合わせ、❶をあえて汁けを絞る。
③すりごまにBを混ぜてごま酢を作る。
④❸に❷を入れてあえ、味をなじませる。

ひじきのカレー風炒め煮

材料（作りやすい分量）

ひじき（乾燥）…30g
豚肉（ロース、ばら肉など好みのもの）…70g
にんじん…20g
玉ねぎ…¼個
A［しょうゆ、酒、片栗粉各小さじ½］
B［だし汁カップ¾　砂糖小さじ½
カレー粉大さじ½　しょうゆ、
トマトケチャップ各大さじ1］
ごま油…小さじ1

作り方

①ひじきは水でもどして水けをきり、ざく切りにする。
②豚肉は4cm幅に切り、Aをまぶす。にんじんはいちょう切りにする。玉ねぎは3mm幅に切り、横半分に切る。
③ごま油で豚肉を炒め、肉の色が変わったら、玉ねぎ、にんじん、ひじきを加えて弱火にし、Bを加えて汁けがなくなるまで6〜7分炒め煮にする。

column

花束を長く楽しむコツ

わが家では、食事をするのも、レシピを書いたりするのも、お客さまをお迎えするのも、ダイニングテーブル。お料理教室やら撮影やら、たくさんの人が集まることも多いので、ひとり暮らしにしてはかなり大きめのテーブルです。

ふだんは毎日花を飾ったりはしませんが、お祝い事などで立派な花束をいただくことがあります。そんなときは、ダイニングテーブルに大きめのガラス花瓶を置き、そのままポンと活けてしまいます。小さな花瓶しかないという方もいるかもしれませんが、大きなものがひとつあると、小分けにする手間がいりませんよ。

初めは美しかった花たちも、日が経つにつれてちょっと元気がなくなるものが出てきます。でも、しょぼんとした花を花瓶から取り除いていくだけでは、なんだかものさびしい雰囲気になってしまいますね。

そんなときは、買い物ついでに花を2～3本買い求め、花瓶に追加しています。

お客さまが「お花がきれいですね」とほめてくださるので、「こっちがいただいた花束の残りで、こっちは近所で買ってきた花で……」と説明すると、「最初からひとつの花束だったみたい！」と驚かれることもしばしば。

花を追加するときは、花束の全体的な色合いを考えて選ぶのがポイント。いただいた花を長く楽しむ工夫をするだけでも、暮らしが豊かになります。

秋なすでいろいろ

なすをソテーしてナンプラーをかけます。おろししょうがとパクチーを添えて。

なすのじゃこ煮。じゃこのうまみが出るので、急ぐときは水だけで煮ても。

なすのみそ炒めは甘辛味で、白いご飯が進むベーシックなおかずです。

青背の魚を味わう

さんまのしょうが煮。3尾入りパックなら1尾は焼いて、残りの2尾はしょうが煮に。

あじのトマトソース煮。塩焼きでなく、ときには洋風アレンジも新鮮です。

いわしのロール焼き。みそと刻んだ青じそを混ぜて塗り、グリルで焼いて。

一汁三菜の献立

いくつか常備菜を用意しておくと、一汁三菜も苦ではありません。

野菜の甘酢漬けや、季節の果物を添えて。ご飯は1杯120gほど。

各国料理を楽しむ

豆のチリソース煮は、スパイス類をふんだんに使ったペルー料理。

ゆでた鶏肉、練乳と牛乳に浸したパンを激辛のアヒであえたペルー料理。

ズッキーニのジョンはフライパンで手軽に作れる韓国料理。コクが出ます。

韓国の肉料理といえば焼き肉ですが、ゆで豚もおいしいんです。

松の実を砕いて衣に混ぜて、鶏肉を揚げた、中国の薬膳風の料理。

「何でも生春巻き」はベトナム料理がヒント。人が集まる日にもぴったり。

秋が旬の食材で

さつま芋のカレー。ボリュームがあるので、ご飯はなくてもお腹がふくれます。

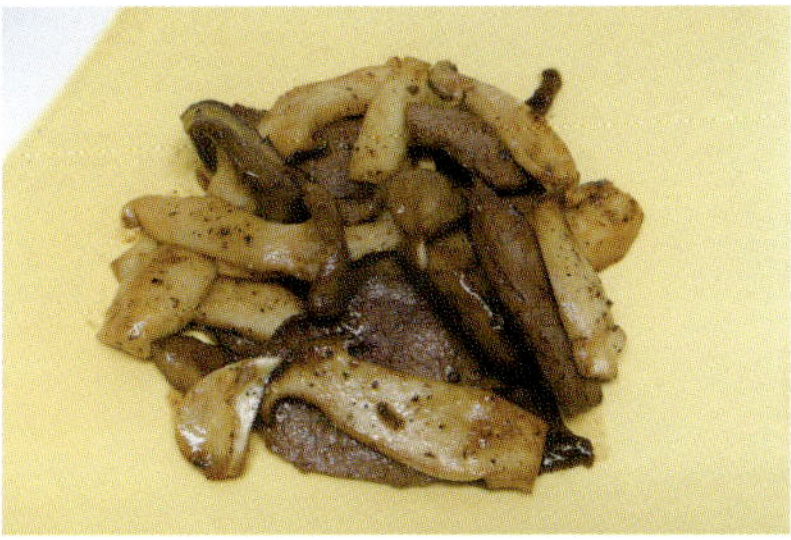

エリンギと牛肉の炒め物。エリンギを縦に薄切りするのがポイント。

さつま芋のカレーで出たさつま芋の皮は、じゃこきんぴらにして常備菜に。

里芋とねぎの塩炒め。とろりとした食感で、ねぎの甘みもたっぷりなおかず。

生でも食べられて、調理が楽な長芋。ハムと合わせるだけの簡単サラダ。

花豆のカスレ。ほくほくした豆を、ベーコンや香味野菜と煮込みます。

きのこは3種類以上使うと、食感や香りが違って、深い味わいに。

根菜のグラッセは煮物でもきんぴらでもなく、洋風な味わいの常備菜。

菊の花ときゅうりの酢の物。花びらを散らし、目にもおいしい一品に。

冬が旬の食材で

水菜と油揚げを炊き合わせた、お揚げの炊いたん。寒い日に食べたい母の味。

白菜と豚肉のサラダ。生の白菜に熱々の豚肉を混ぜて、いただきます。

苦肉の策だったゆり根のワインソテーが、今や我が家の定番料理に！

ねぎともちの炒め物。お正月に残ったもちをおいしく食べられます。

スピード重視のときは牛肉の柚子こしょう焼きに大根おろしを添えて。

カリフラワーのフライ。かんだ瞬間香りが広がり、ボリュームもアップ。

みかんれんこんは果汁と果肉を砂糖、酢で煮るだけ。お正月にもぴったり。

かぶを葉つきでソテーし、バルサミコ酢をかけて。おもてなしにも向く一品。

かぶのざくざく豆乳スープ。食感が残る程度にやわらかく火を通します。

第 3 章

秋

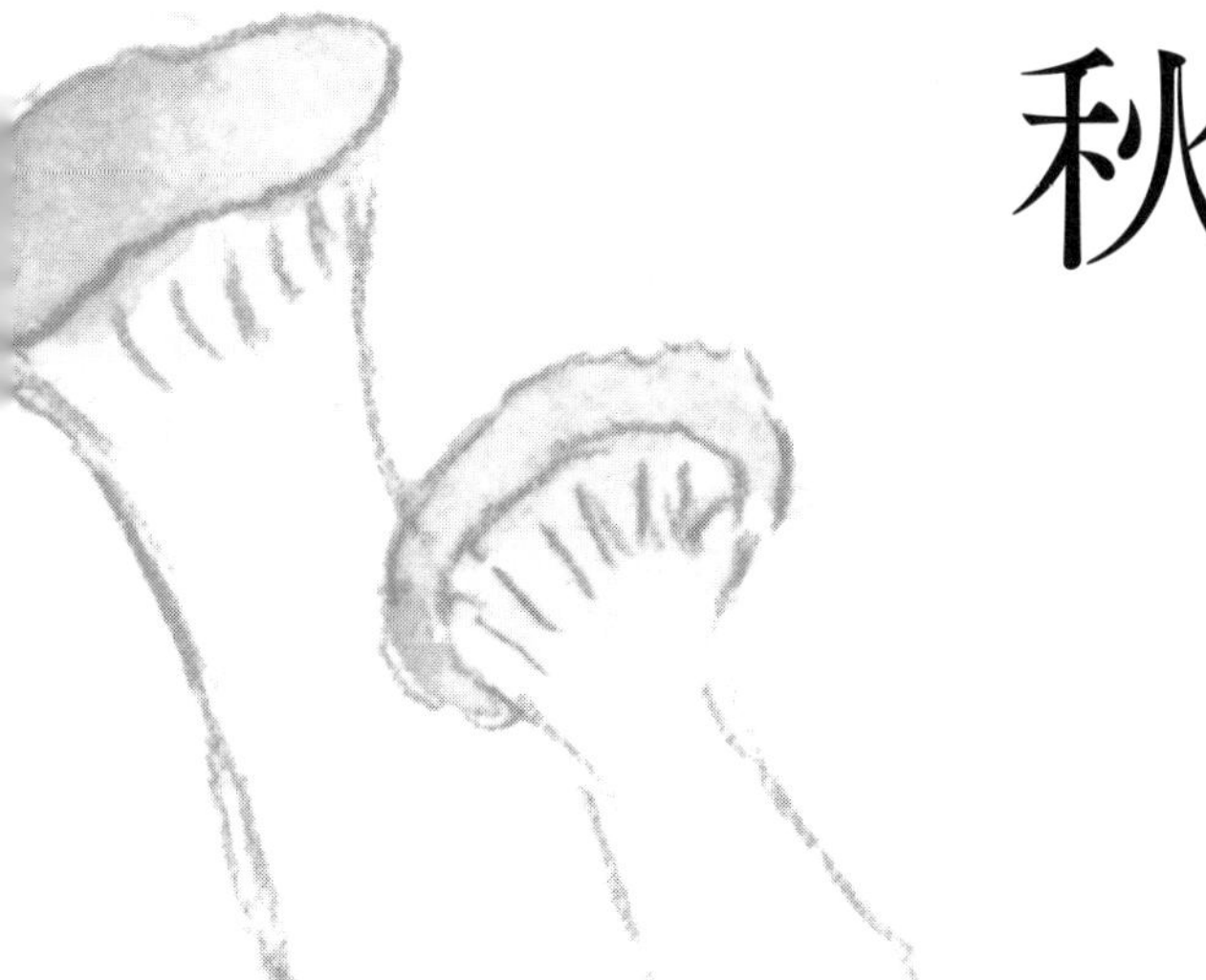

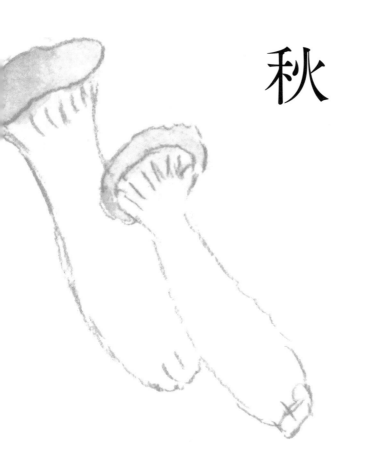

秋なすをとことん味わう

なすは種類も、食べ方のバリエーションも豊富。**6〜9月が旬とされますが、夏の終わりから初秋にかけては、皮がやわらかくなり、特においしい。**

なす紺と称される赤みを帯びた濃い紫色は、アントシアン系の色素でポリフェノールの一種。目の機能をサポートする働きがあるそうです。

我が家の食卓には、さまざまななす料理が登場します。**なすのペースト**は、「貧乏人のキャビア」と呼ばれるフランスの家庭料理。なすとにんにくをじっくりと炒め、フードプロセッサでペースト状にして、塩、こしょうで味つけします。**なすは淡白な味ですが、油でじっくり炒めるとねっとりとした食感になり、コクが出ます。**薄茶色と種のプチプチした食感がキャビア風なのでしょうか。バゲットに塗って朝食に、クラッカーにのせておつまみにと気軽に食べられます。

作りおきして冷蔵庫に入っていることが多いのは、**なすのじゃこ煮（105ページ）**。

半分に切ったなすとじゃこを煮て、冷蔵庫で冷やします。じゃこのうまみがあるので、忙しいときはだしを加えず水だけで作ってもおいしい。そうめんに添えるのもおすすめです。

もうひとつは**なすのみそ炒め（105ページ）**。ごま油で炒め、みそ、砂糖、酒などで調味する、おなじみの料理です。

豚肉を加えると食べごたえが出るのですが、豚肉ではなくベーコンを加えることも。コクが出て風味が増し、豚肉よりおいしいかもと思いながらいただいています。

これらの料理はいずれも仕上がりは茶色くなりますが、なすの色をさほど気にしなくてもよいところが、手早く気楽に作りたい家庭料理向き。**何事も、気むずかしく考えずにノリで楽しんでしまうと、うまくいくことが多いようです。**

そういえば『バイキング』の初顔合わせで、サンドウィッチマンの富澤さんがいきなり、「先生、いくつ？」と年齢を聞いてきたので、思わず関西人ノリで「ミステリ〜♪」とごまかしたら、大ウケ。その後の番組内でも、ふたりからのさまざまな突っ込みに、「ミステリ〜♪」と私が答えるのがお決まりになりました。

なすのじゃこ煮

材料（2〜3人分）

なす…3個
ちりめんじゃこ…20g
A［酒大さじ2　しょうゆ小さじ2
　だし汁カップ2〜3］

作り方

①なすは縦半分に切り、5㎜間隔に斜めに切り込みを入れて水にさらす。
②Aを煮立て、❶、ちりめんじゃこを入れ、落としぶたをして弱火で8〜10分煮る。

なすとベーコンのみそ炒め

材料（2人分）

なす…2個
ベーコン…2枚
A［だし汁、酒各大さじ1　赤みそ、
　砂糖各小さじ1］
ごま油…大さじ½

作り方

①なすは一口大の乱切りにして水にさらし、水けをふく。ベーコンは2㎝幅に切る。
②ごま油少々でベーコンを炒め、脂が出てきたら残りのごま油を足してなすを加え、炒め合わせる。混ぜ合わせたAを加え、さっとからめる。

さんまの2番目においしい食べ方

決まりきった食べ方が、いちばんおいしい食材もあります。秋の味覚のさんまも、そのひとつ。調理法はさまざまあれど、新鮮なさんまをこんがりと焼いて、熱々のところに大根おろしとすだちの絞り汁で食べるのがやっぱり最高です。

さんまに脂がのっておいしい時期は、9〜11月と言われます。さんまをはじめ、青背の魚の脂には、不飽和脂肪酸のＤＨＡ、ＥＰＡが豊富に含まれているので、動脈硬化の予防に役立つと言われています。

とはいえ、ときには一尾丸ごと食べるのがちょっと重く感じたりすることも。また、スーパーなどでは3尾1パックで売られていることも多いですね。

そこで私は1尾は塩焼きにして食べ、残りは**さんまのしょうが煮（106ページ）**にして保存しておきます。

さんまを筒切りにして頭、内臓などを除き、しょうがを加え、しょうゆ、酒などでしっかりと煮ます。青背の魚は臭みが出やすいのですが、しょうがをたっぷり入れると気になりません。白いご飯に合うおかずとして楽しめます。

同じ青背の魚のさばは、みそ煮や塩焼きが定番ですが、洋風の料理にも向きます。塩、こしょうをふってソテーし、一口大に切ったトマト、パプリカ、玉ねぎなどの野菜と煮ます。

さばもまた、1尾を半身におろしてパックされていることが多く、ひとりで一度には食べきれません。ですから、和風のみそ煮と洋風のトマト煮にしたり、塩さば、塩こうじ漬けなどにしたりして、いろいろな味で保存しておくのが、飽きずにおいしく魚を食べるコツです。

生の魚を調理するのは面倒だなあという方には、さばのみそ煮缶詰を利用するのもおすすめです。厚手の鍋にさばのみそ煮缶を汁ごとと、ざく切りにした白菜かキャベツを入れて酒をふり、ふたをして煮るだけ。

野菜から水分が出ることでおいしくなるので、水を加えず煮るのがポイントです。みそ煮缶にはしっかりと味がついていますが、野菜から出た水分とあいまって、ほどよい味加減になります。なにしろ、ベースはすでにできているのですから、おいしさは保証付き。

魚は調理に手間がかかるので、積極的に献立に取り入れたいと思っていても、疲れていたり、忙しかったりして料理をしたくないときもあります。さばのみそ煮缶は、そんなときのお助け食品というわけです。

さんまのしょうが煮

材料（作りやすい分量）

さんま…2～3尾
しょうが（せん切り）…30g
A［酒カップ¼　しょうゆ大さじ2
みりん大さじ1　砂糖大さじ½
水カップ¾～1］

作り方

①さんまは鱗を除いて頭を落とし、3等分の筒切りにする。菜箸で押して内臓を取り除き、よく水洗いする。竹串で皮目をつついて水けをふく。
②Aを煮立てて火を止める。しょうが、❶を並べ入れて再び火にかけ、落としぶたをする。少し火を弱めて8～10分煮る。ふたをとり、ときどき煮汁をかけながらさらに3～5分煮る。
＊冷蔵庫で3～4日保存できる。

一汁三菜はこうすれば大丈夫

普段の夕食の献立は、オーソドックスな一汁三菜が基本です。ご飯に汁物、肉か魚のおかず、野菜のおかずが2品。「毎日毎日、そんなにたくさん作れないわ」と、みなさんは思われるでしょうか?

実際、一汁三菜のすべてを一から作っていたら、いくらお料理が好きでもかなり大変です。料理研究家だってやりたくありません。そこで、私は日持ちのするおかずはまとめて作り、冷蔵庫にストックしています。

かつて日本の家庭の食事では、切り干し大根煮やひじき煮、きんぴら、煮豆などの常備菜と、その日作ったおかずを組み合わせて献立にするのが当たり前でした。今風に言うなら、「作りおき」おかずでしょうか。

半端に残った野菜類を無駄にするのがもったいないので、そのつどきんぴらにしたり、甘酢に漬けたり、4~5日は日持ちするような料理にして保存容器に入れ、冷蔵庫へ入れておきます。

きんぴらといっても、ごぼうとにんじんだけで作るのではなく、**れんこんやパプリカ、きのこなども加えて五目きんぴらにするなど、残り野菜をフル活用できるようにアレンジするのがポイントです。**

こうして、常に2〜3種類のおかずのストックがある状態を維持しているのです。いったんこのサイクルが身についてしまうと、一汁三菜を準備するのは、それほど大変なことではありません。

たとえば魚を焼いたら、野菜の甘酢漬けを添え、小鉢にきんぴらを盛りつければ、主菜1品と野菜のおかずが2品に。あとは簡単な汁物を作ればいいだけです。

ご飯はまとめて2合分を炊き、1食分120〜130gに分けて冷凍してあるので、電子レンジでチンすれば、夕食の準備はととのいます。

日々の食事をきちんとすることで、栄養バランスがよくなって元気でいられるだけでなく、気持ちにも余裕が生まれます。そこに旬の食材をプラスすると、季節を感じることができ、より毎日の暮らしを楽しめるはずです。

何でも生春巻きでおもてなし

生春巻きはベトナムの代表的な料理。**米粉から作ったライスペーパーで、えびやミント、どくだみ、もやしなどの香草や野菜類を包み、スイートチリソースなどのたれをつけて食べます。**

白いライスペーパーからえびやにらなど食材の色が透けて、見た目も美しい、華やかな料理。日本でも、女性は特に、生春巻きが好きという人が多いですね。

作るときは、乾燥したライスペーパーをさっと水にくぐらせてもどしてからあらかじめ用意しておいた具を巻きます。ところが水に浸しすぎたり、うまく巻けなかったりして、ライスペーパーが破れてしまうことも。そこで料理教室や仕事のときは、多めにライスペーパーを用意するようにしています。

ですから仕事を終えると、開封してしまって半端にライスペーパーが残っていることが多いのです。どうにか使えないかしらと考え、ちょうど冷蔵庫に残っていた生ハムを巻いて食べてみると、なかなかのおいしさ。気をよくして、いろいろな具をライスペーパーで包んで食べてみることにしました。

その結果ベスト4は、**①生ハム＋マスカルポーネチーズ＋水菜、②エリンギを縦に薄切りしてソテーしたもの＋サニーレタス、③かに風味かまぼこ＋アボカド＋水菜かサニーレタス、④クリームチーズ＋グラノーラ＋季節の果物のデザート風春巻き。**

えびやパクチーがなくとも、いろいろな具でおいしく作れます。

ポイントは、サニーレタスか水菜をいっしょに包むこと。適度なボリューム感が出て巻きやすく、形よく、彩りもきれいに仕上がります。

生春巻きの具を何種類か用意して巻き、盛りつけると華やか。**スイートチリソース、たまりじょうゆと刻みとうがらしの2種類のつけだれを用意すれば、さらにバリエーションが増えて、ごちそう風になります。**

きちんとラップをかけて冷蔵庫に入れておけばそれほど状態は変わりませんから、少し前に作っておくと、メンバーがそろったところでさっと出せます。

あるいは、具とライスペーパーだけを用意しておいて、みんなで巻いて食べても楽しいものです。いろいろな具を用意して、あれこれ組み合わせてみたら、大人同士でも間違いなく盛り上がります。こんなふうに、ささっと作れて華やかに見える料理のレパートリーがあると、おもてなしも気軽に楽しめますね。

生ハムの生春巻き

材料（2人分）

生ハム…2枚
モッツァレラチーズ…1個
エリンギ…小1本
いちじくまたは好みの果物…1個
水菜、サニーレタス…各適量
ライスペーパー…4枚
塩、こしょう、サラダ油…各少々
たまりじょうゆ、青唐辛子…各適量

作り方

①生ハムは1枚を2等分に切る。水菜は8cm長さに切る。サニーレタスは8cm大にちぎる。モッツァレラチーズは5～7mm厚さの半月形に切る。エリンギは縦5mm幅に切ってサラダ油で炒め、塩、こしょうをふる。果物は食べやすく切る。
②ライスペーパーはさっと水にぬらしてまな板に置き、❶の具を好きなように組み合わせて巻く。4本作り、食べやすく切る。
③たまりじょうゆに青唐辛子を刻んで入れ、器に入れて❷に添える。

きのこはミックスすべし

きのこは本来、秋の味覚ですが、まつたけなどの一部を除いて、通年出回っています。それでも、秋になるときのこが食べたくなるのは不思議ですね。

天然物や露地栽培のしいたけは春と秋の2回収穫されますが、天然物のしめじやなめこ、まいたけは9〜11月が旬。といってもごくわずかしかとれないので、都内のスーパーで見かけることは、まずありません。

きのこ類はいずれも食物繊維が多く、お腹の調子をととのえるほか、生活習慣病の予防にも役立ちます。

家庭でよく使うのは、しめじ、しいたけ、えのきだけ、まいたけ、エリンギなどでしょうか。**きのこはそれぞれ香りや風味、食感が違うので、3〜4種類を組み合わせて使うとおいしさが増します。**

私がよく作るのは、**きのこの中国風レンジマリネ（110ページ）**。しめじ、えのき、しいたけ、白まいたけなどから3種類を食べやすくほぐして合わせ、電子レンジにかけます。冷ましてからマスタード、酢、しょうゆ、ごま油を合わせたものであえ、冷蔵庫で保存します。

冷たいままサラダにトッピングしたり、来客時には前菜としてお出しすることも。さらに、フライパンに油を熱して溶き卵を回し入れ、大きく混ぜながら炒めたふわふわのいり卵をのせると、パッと華やかになってボリュームもアップします。

きのこをオリーブオイルとにんにくでじっくり炒め、フードプロセッサでペースト状にした**きのこペースト**を作っておくと、牛乳と生クリームを入れるだけで、あっという間に**きのこのポタージュ**が作れます。

また、薄く切ったパン・ド・カンパーニュにマスカルポーネチーズを塗り、きのこペーストをのせると、おしゃれなワインのおつまみになります。ほかにも、トーストやパスタなどに、幅広く使うことができます。

ペーストにするのは、どんなきのこでも大丈夫。まいたけが入ると色が黒っぽくなってしまうのですが、うまみが増します。また、しめじ、まいたけが入るとコクが出ます。**お好みのきのこ3〜4種類で作ってみてください。**

1種類のきのこで作る、小さなおかずもあります。簡単でおいしいのは、**しめじのヨーグルトあえ**。ほぐしたしめじを電子レンジにかけ、プレーンヨーグルト、塩、こしょうを加えてあえるだけです。きのこは水分が多い食材ですが、電子レンジで加熱すると水分がほどよく抜け、その分うまみが増します。鍋でゆでるよりもスピーディーに、楽に調理できますよ。

きのこの中国風レンジマリネ

材料（作りやすい分量）

まいたけ、しめじ、えのきだけ…各½パック
A［しょうゆ大さじ1　ごま油、酢各大さじ½　粒マスタード小さじ½～1］

作り方

①きのこは小房に分けるか食べやすく切り、耐熱の器に入れる。ラップをして電子レンジ（600W）で3分～3分30秒加熱し、ざるに上げて冷ます。
②Aを合わせて混ぜ、❶を加えてあえる。
＊冷蔵庫で3～4日保存できる。

昔まつたけ、今エリンギ

きのこ独特の食感とうまみは、肉と組み合わせてもおいしいものです。**きのこと鶏肉のスープ煮**も、そのひとつ。刻んだにんにくと玉ねぎ、たっぷりのきのこ、一口大に切った鶏もも肉を炒めたところに白ワインを回し入れ、スープを注いで煮るだけ。フレンチの「狩人風」を簡単にアレンジしたレシピです。

中国風なら、**エリンギと牛肉の炒め物（109ページ）**。エリンギはスープを加えて炒め煮にし、いったん取り出します。続けて、しょうゆと粗びき黒こしょうで下味をつけた牛肉を焼き、エリンギを戻し入れて、肉汁を吸わせるように炒め合わせ、オイスターソース、酒、しょうゆで調味したらでき上がり。エリンギにもしっかり牛肉の味がしみていて、そのおいしいこと。いずれも手軽で親しみやすい家庭料理です。

秋の味覚といえば、まつたけを忘れてはいけません。**素晴らしい香りは、マツタケオールという成分で、食欲増進効果があります。10～11月が旬ですが、人工栽培が難**

しいため天然物が高価になってからは、輸入品も店頭に並びます。

私が小学生から中学生の頃までは、毎年秋にはまつたけ狩りに出かけるのが恒例行事でした。

当時は愛知県に住んでいたので、近鉄電車に乗ったり、バスに乗ったりして、春のたけのこ掘りと同様に、家族や知り合い十数人が連れ立って、ピクニック気分で出かけるのです。**今では考えられませんが、自宅からそれほど遠くない山で、普通にまつたけがとれた時代でした。**

とれたてのまつたけは、まず七輪でそのまま焼いて、そのあとはすき焼きに入れて食べるのがお決まりのコース。滋味あふれるやわらかな牛肉と、まつたけのかぐわしい香りいっぱいのすき焼きとは、なんとぜいたくだったことか！

今となっては、まつたけを食べる機会は年に一度か二度のことなので、国産なら薄切りにして土瓶蒸しか、まつたけご飯にして、シンプルに楽しみます。

ときにはさっとあぶって、生春巻きに。中国産やカナダ産の比較的手頃なものならフライにすることもありますが、すき焼きにして食べることは、さすがにほとんどなくなってしまいました。

エリンギと牛肉の炒め物

材料（1人分）

エリンギ…150g
牛肉（赤身、焼き肉用）…100g
にんにく（薄切り）…小1かけ
しょうゆ…小さじ½
粗びき黒こしょう少々
スープ［鶏がらスープの素小さじ¼
　湯カップ½］
A［オイスターソース大さじ½　酒、
　しょうゆ各小さじ1］
サラダ油…大さじ1

作り方

①牛肉は一口大に切り、しょうゆ、黒こしょうで下味をつける。
②エリンギは縦に薄切りにし、長ければ半分に切る。サラダ油大さじ½で炒め、スープを加え、吸わせるように2〜3分、汁けが少なくなるまで炒め煮にして取り出す。
③残りのサラダ油でにんにくと❶を炒め、Aで調味をする。❷を加えて炒め合わせる。

里芋は体力回復におすすめ

小芋が店頭に並び始めると、秋の始まりですね。品種によって差がありますが、一般には秋から冬にかけて、9~12月が旬と言われます。里芋が出始める9月頃は、夏の間にたくさん汗をかいたことで体力を消耗していますから、芋類を積極的に食べてエネルギーを補給すると体も元気になってきます。

「糖質オフ」が昨今のブームですが、**私自身は糖質をとらないと、どうも体がふわふわした感じになったり、もの足りなくて間食をしてしまったりするので、きちんと適量をとるようにしています。**

ご飯は1食120~130gと決めていますし、芋類も糖質が多いからと敬遠することなく、献立のバランスを考えて取り入れています。

なかでも、**里芋は芋類のなかではエネルギーが低く、独特のぬめりには滋養強壮の作用があると言われていますから、体力回復にはもってこい。**泥がついているので、買ってきたら洗って泥を落とし、乾かしてから保存しておくと調理が楽になります。

煮物のイメージが強い里芋ですが、私のお気に入りは、**里芋のごまあえ**です。ゆでた里芋を食べやすく切ってごまであえるのですが、使うのは市販のすりごま。

わざわざいりごまをすり鉢ですらなくても、耐熱皿にすりごまを広げ、ラップをかけずに電子レンジにかけると、香ばしい香りがたちます。あとは砂糖、しょうゆ、煮きった酒かだしを加えて混ぜれば、あえ衣のでき上がりです。

これで、ほうれんそうなどの青菜類やさやいんげん、ブロッコリーなどをあえるのもおいしいです。また**里芋をゆでるときは、ぜひ皮つきのままで。皮をむいてからゆでると水っぽくなってしまいます。**

もうひとつは、中国の家庭料理の定番、**里芋とねぎの塩炒め（110ページ）**。多めのごま油で長ねぎのみじん切りを炒め、香りがたったら、ゆでるか蒸すかして皮をむいた里芋を加えて炒めます。さらに酒とスープを加え、里芋が少しくずれるくらいまで炒め煮にするとおいしい。

里芋が小さければ丸ごと、大きければ食べやすく切ってと、臨機応変に調理してくださいね。

里芋とねぎの塩炒め

材料（4人分）

里芋…250～300g
長ねぎ…½本
赤とうがらし…½本
スープ［鶏がらスープの素小さじ1～大さじ½　湯カップ1～2］
酒…大さじ1
ごま油…大さじ2
塩、こしょう…各少々

作り方

①里芋は皮つきのままゆでて皮をむき、2つに切る。長ねぎはみじん切りにする。
②ごま油でねぎと赤とうがらしを香りよく炒めてから、❶の里芋を加えて炒める。
③酒、スープをひたひたに加え、ときどき混ぜながらドロリとなるまで煮て、塩、こしょうで味をととのえる。

フランスの甘くない煮豆カスレ

若い頃、かぼちゃの煮物や煮豆など、甘い味のおかずがちょっと苦手でした。でも次第に食べるようになって、ときどき薄甘く煮た花豆を作りおくことも。煮豆はお茶うけにもぴったりで、お客さまにも喜ばれます。

私がよく使う紫花豆は紅花いんげんのことで、豆類の中でもひときわ大きいもの。もどしたり煮たりする時間は多少かかりますが、煮豆にしたときの華やかさと、ほっくりとした食感は、ほかの豆では得られません。

花豆に限らず、豆は保存する際に煮汁から出ているとかたくなってしまいますから、煮汁に浸った状態をキープすることが大切です。

また紫花豆の煮汁には抗酸化作用のあるポリフェノールが多く含まれていますから、器に煮汁ごと盛って食べましょう。

甘くない塩味の豆料理、花豆のカスレ（110ページ）もよく作ります。元はフランスの郷土料理で、白いんげん豆と、豚肉の塩漬けや鴨のコンフィ、ソーセージなどの加工肉を煮込んだものです。地域や家庭によっていろいろなレシピがあるようですが、基本は次の通りで、どんな豆でも作れます。

まず角切りにした野菜とパンチェッタを炒め、白ワインやカットトマト、水、ゆでておいた豆などを加えてやわらかくなるまで煮込みます。**肉のうまみがしみた豆がおいしく、食べごたえもあり、体も温まる寒い季節にうれしい一品です。**

あるとき、素晴らしい生ハムをいただき、切り分けて残った切れ端と、買いおきしていた花豆でカスレを作ってみました。

それ以来、カスレを花豆でも作るようになったのです。そのおいしさといったら！ **1種類だけでなく、数種類の豆を混ぜて使ってもいいので、乾物の整理にも大いに役立ちます。**

この花豆のカスレを知人の家に持っていったところ、たまたまカスレ発祥の地で育ったフランスの方が居合わせて、「久しぶりに、お母さんの味が食べられた」と感激していただき、料理の持つ力を改めて感じたものです。

花豆のカスレ

材料（作りやすい分量）

花豆…200g
パンチェッタまたはベーコン…150g
ソーセージ…3本
玉ねぎ…1個
にんじん…小1本
セロリ…½本
にんにく（つぶす）…1かけ
カットトマト（缶詰）…200g
白ワイン…カップ½
固形スープの素…1個
ブーケガルニ［ローリエ1枚　セロリの葉少々］
こしょう…少々
オリーブオイル…大さじ1強

作り方

①花豆は3倍の水に1日浸して火にかける。沸騰したら弱火で1時間ゆでて、水けをきる。
②パンチェッタ、玉ねぎ、にんじん、セロリは1・5cm角に切る。ソーセージは半分に切る。
③オリーブオイルでにんにくを炒め、香りがたったら野菜、パンチェッタを順に加えて炒める。色が変わったら白ワインを加え、沸騰したらカットトマト、水カップ2、スープの素、ブーケガルニ、❶を加え、再び沸騰したら弱火にしてふたをして40〜50分煮る。ソーセージとこしょうを加えて混ぜ、さらに5分煮る。

洋風もおいしいごぼう

「グラッセ」とはフランス語で「冷やした、つやをつけた」という意味で、バター、砂糖などでつやよく煮る料理の手法です。ハンバーグやステーキに添えてある、甘く、つやつやしたにんじんのことといえば、「ああ、あれね」と、ほとんどの方が思い描けるのではないでしょうか。

もちろん、にんじん以外の野菜でもおいしく作れます。かぼちゃ、さつま芋なども合いますが、私の定番は**根菜のグラッセ（110ページ）**です。

ごぼうは、食物繊維の多い野菜として知られていますが、マグネシウムや銅などのミネラルも多く含まれています。**旬は晩秋から冬にかけての11〜1月。また4〜6月には、香りがよくやわらかな新ごぼうが出回ります。**

ふだんはきんぴらや煮物、かき揚げなど、和食に使われることが多いですね。でもグラッセのような洋風の料理にしてもまた、ほくほくとしておいしいものです。これもまた、「ちょっとやってみようかな」という気ままな発想から生まれたレシピ。

作り方は簡単で、ごぼうとにんじん、れんこんを乱切りにしてバターで炒め、砂糖、塩でやわらかく煮るだけ。**乱切りにするのがポイントで、野菜それぞれの歯ごたえと香りをしっかりと感じることができます。**

洋風の肉や魚料理でなくとも、たとえばぶりのしょうゆ焼きのような和風のおかずにも、不思議としっくりなじみます。日持ちもする便利な野菜おかずですから、まとめて作り、冷蔵庫に保存しています。

さてグラッセというと、「マロングラッセ」のほうを思い浮かべる方も少なくないかもしれません。製菓で「グラッセ」は砂糖でコーティングすること。料理の手法とはちょっと違っています。

私は栗がたくさんあるときは、フランス風のマロングラッセでも、和風の甘露煮でもなく、**栗とベーコンのスープ煮**を作ります。鬼皮と渋皮をむいた栗とベーコンをチキンスープで煮て、塩とこしょうで調味。

ベーコンはかたまりを使うとよいのですが、なければスライスベーコンで。栗は少し渋皮が残っていても、煮ている途中で割れてしまってもよし。

多少見栄えが悪くなっても、レストランのようにお金をいただくわけではないので、家庭では難しい手間ひまはなるべく省き、おいしさ最優先でよいと思います。

根菜のグラッセ

材料（作りやすい分量）

ごぼう、にんじん…各100g
れんこん…100g
砂糖…大さじ1
塩…小さじ⅓
バター…小さじ2強

作り方

①ごぼうは6㎝長さの乱切りにし、水に放してあくを抜き、水けをきる。にんじんは6㎝長さで縦に4つ〜6つに切る。
②バターで❶を炒め、水をひたひたに加え、火にかける。煮立ったら砂糖と塩を加え、ときどき混ぜながら8〜10分煮る。火を強め、つやが出るまで混ぜながら煮詰める。

風味のいい食用菊で酢の物を

この頃は、酢の物を作る方が少なくなっているように感じます。レタスときゅうり、トマトなどの生野菜にドレッシングをかけたサラダを、酢の物代わりにされているのかもしれません。

私は朝食に、生野菜のサラダを食べるのが習慣になっていますが、夕食にはよく酢の物を作ります。**油を使わずに調理でき、野菜もしっかりとれるヘルシーなおかずですし、ほどよい酸味で食も進みます。**

それなのに酢の物が作られなくなっているのは、調理に手間がかかるイメージなのでしょうか。合わせ酢を作るのが面倒なら、市販のすし酢を利用すると楽にできますし、かけるだけでよい酢の物用の合わせ酢も市販されています。

私は仕事柄もあって、合わせ酢を作るのはそれほど苦ではないので、自分で作っています。愛用しているのは、酸味のやわらかい京都・村山造酢の千鳥酢。酢がきつくない分、砂糖の量を控えられ、水で少し割って使うと、ほどよい加減になります。**市販のすし酢を使う場合は、やや甘めのものが多いので、しょうゆを少し足して味をととのえるとよいと思います。**

季節にもよりますが、私がよく作る酢の物は、きゅうりとみょうがとわかめ、かぶとしらす（またはちりめんじゃこか桜えび）、もずくと長芋とオクラなどでしょうか。ゆでた春菊を刻み、さっと湯通ししたなめこ、長芋のせん切りというのも好きな組み合わせです。

また秋には、黄色や薄紫色が美しい、**菊の花ときゅうりの酢の物（110ページ）**も楽しみです。観賞用の菊を苦みが少なく、香りや歯ごたえを楽しめるように食用に品種改良したもので、秋が深まる10〜11月に店頭に並びます。なかでも薄紫色で花が大きめの食用菊、山形県の名産「もってのほか」は、香りや歯ごたえが抜群。

調理するときは花びらを丁寧に摘み、酢を入れた湯でさっとゆで、水けを絞ってから使います。いつものきゅうりとわかめの酢の物も、菊の花びらが入るだけで、秋ならではの一品になります。

作るときは、食用菊1パック分をまとめてゆで、よく水けを絞って甘酢に漬けて冷蔵庫で保存しています。これが食用菊を気軽に使うためのコツ。
また**酢の物は、あえたらすぐに食べるのがおいしい料理です。**合わせ酢と具を用意しておき、調理の最後にさっとあえて食卓に出す段取りも大事です。

菊の花ときゅうりの酢の物

材料（作りやすい分量）

食用菊…4個（15g）
きゅうり…½本
A［酢大さじ1と½　だし汁大さじ1〜1と½　砂糖小さじ1　しょうゆ小さじ¼　塩少々］
酢…小さじ2
塩…少々

作り方

①菊は花びらを摘み、さっと洗う。酢を加えた熱湯でゆで、再び煮立ったらひと混ぜしてざるに上げ、水に放す。冷めたら水けをよくきる。
②ボウルにAを合わせて混ぜ、❶を加えてあえる。
③きゅうりは小口切りにして塩をふり、しんなりしたら水けを絞って❷とあえる。

意外と知らないさつま芋料理

さつま芋が主に収穫されるのは9〜11月。収穫後に1〜2ヵ月追熟して水分をとばすと、さらに甘みが増します。さつま芋は食物繊維がたっぷり含まれているうえ、でんぷん質が多いので加熱してもビタミンCの損失が少なく、効率よくとれる美容食。そのまま蒸したり、焼き芋にしたりしてもおいしいし、皮つきのまま輪切りにして天ぷら、レモンと砂糖で甘く煮るのもいいですね。

さつま芋とりんごが盛んに出回る季節になるとよく作るのが、**さつま芋とりんごの重ね煮**です。

薄切りにしたさつま芋とりんごを厚手の鍋に交互に重ね、砂糖、バター、シナモンと少量の水を加えて蒸し煮にします。パンにのせたり、ヨーグルトをかけたりして朝食の一品にするのもおすすめ。

甘いさつま芋と、りんごの甘酸っぱさが調和して繰り返し食べたくなります。どちらも食物繊維が豊富なので、お腹の調子をととのえるのに一役買ってくれます。

我が家では、**さつま芋のカレー（109ページ）**も定番です。

さつま芋をカレーに入れると言うと驚かれるのですが、スパイシーなカレーにさつま芋の自然な甘さが大変よく合うのです。ボリュームがあるので、**あえてご飯を添えずに、大ぶりに切ったほくほくのさつま芋をくずしながら食べてみてください。**

カレーに入れるときはさつま芋の皮をむきますが、残った皮もそのまま処分ということはしません。食いしんぼうの私には、もったいなくてできないのです。

そこで、カレーを煮込んでいる間に皮を使ってもう一品。**さつま芋とじゃこのきんぴら（109ページ）**を作ってしまいます。

甘辛味のきんぴらは、ご飯のお供にも、ビールのおつまみにもぴったり。さつま芋の皮が足りないときは、皮を水にさらしてからポリ袋に入れ、冷蔵庫で保存。**2本分程度の皮が集まったら、きんぴらを作るのにちょうどよい量になります。**

おまけの一品まで作れるとなると、さつま芋のカレーを作るのが、さらに楽しみになりますね。ぜひお試しください。

さつま芋のカレー

材料（2〜3人分）

さつま芋…1本
鶏もも肉…1枚
玉ねぎ…½個
にんにく（すりおろし）…1かけ
赤とうがらし（小口切り）…1本
A［カレー粉、しょうゆ各大さじ½
　塩小さじ½　こしょう少々］
カレー粉…大さじ½
スープ［固形スープの素1個
　湯カップ1と½］
トマトジュース（無塩）…カップ½
サラダ油…大さじ1

作り方

①鶏肉は大きめに切り、Aをまぶす。さつま芋は皮をむいて3㎝厚さの輪切りにして水にさらし、水けをきる。玉ねぎは薄切りにする。
②サラダ油で玉ねぎが茶色になるまで炒めたら、にんにく、赤とうがらし、カレー粉を順に加えて炒める。
③鶏肉とスープを加えて5分ほど煮、トマトジュース、さつま芋を加えてさらに20分ほど煮る。

＊冷蔵庫で3〜4日保存できる。

column

小さな庭の楽しみ

「刈りとりジュンコ」とからかわれる私ですから、当然ながら我が家の庭にも、実のなる草木をいろいろ植えています。とはいえ、都会の小さな庭。限られたスペースなので、大収穫はとても望めません。でも、朝な夕なに庭に出ては花が咲いたと喜び、少しずつ実が大きくなる様子や、紅葉していく木々を眺めていると、忙しく日々を過ごしていても、季節の移り変わりを体感できて、ゆったりと穏やかな気持ちになれるのです。

ブルーベリーやブラックカラントは、ジャムにするほどの量はとれないので、毎朝摘みたてをヨーグルトにトッピングしています。山椒の花や実もまた、鍋や佃煮にするほどはできないので、料理のあしらいに使ってと、収穫量が少ないなりに楽しんでいます。

我が家の庭で毎年、20個以上もの立派な実をつけてくれる、自慢の木がレモンです。収穫するのも楽しく、果汁もたっぷりで、しかも無農薬。収穫後は、しばらくかごに山盛りにしてダイニングテーブルに飾っています。お客さまにおすそ分けして、「髙城さんの庭で、こんな立派なレモンが！」と驚かれると、またうれしくなるのです。

庭の思い出といえば、母が直感的で自由気ままなのに比べて、父は真面目で几帳面な人だったので、落ち葉を見るとさっさと片づけたくて仕方がないのです。でも母に、「落ち葉がきれいだから、順子が見てからにしてね」と言われるものだから、何度も私に「もう見たか？」と尋ねてきました。同じ景色を見ているのに、人間って面白いですね。

第 4 章

冬

生で食べてほしい白菜サラダ

白菜は今では春にも並ぶようになりましたが、一番みずみずしくおいしくなるのは霜が降りる11～2月です。

約95パーセントが水分で、鍋いっぱいに煮たつもりでも、加熱するとくたっとして、驚くほどかさが減ります。でも、とろりと甘いおいしさは格別ですね。

白菜は低カロリーなうえ、ビタミンCのほか、カリウム、カルシウムなどを含んでいます。１００g当たりのビタミンC含有量は多くはないのですが、何しろたっぷり食べられるので、結果的にはしっかりビタミンCをとれます。

寒くなってくると、**白菜のスープ**をよく作ります。ベーコンと刻んだ白菜をスープでやわらかくなるまで煮込むだけで、時間がなくてもささっと作れる一品です。これをミキサーにかけて、ポタージュにしてもおいしい。

白菜は、葉と軸では火の通りやすさがかなり違いますから、調理するときは葉と軸に分けて加えるとうまくいきます。

生で食べるとみずみずしく、シャキシャキとした歯ごたえ。この食感を生かした**白菜と豚肉のからし風味サラダ（111ページ）**をお教えしましょう。

本来は豚の赤身かたまり肉を使うのですが、家庭では豚薄切り肉か、豚こま切れ肉でも。器に細切りにした白菜を盛り、細切りにして、しょうゆ、酢、酒、砂糖、塩、練りがらしで炒めた豚肉をのせ、合わせていただきます。

白菜の淡白な味としっかり味の豚肉が絶妙な相性で、モリモリ食べられます。

中学生のときに母が作ってくれたお弁当には、フライのつけ合わせはキャベツとは限らず、せん切り白菜もよく入っていました。

またスコッチエッグも、「ゆで卵の片側にだけひき肉をつけて揚げると、早く火が通って、サイズもちょうどよくなるのよ」とアレンジしてみたり。

元々は節約のためだったかもしれませんが、とにかく発想がユニークな人でした。**そんな母の影響で、私も柔軟に工夫する姿勢が自然と身についたのかもしれません。**

「白菜は鍋かスープに決まっている」と思い込まずに、生の白菜のおいしさもぜひ味わってみてくださいね。

白菜と豚肉のからし風味サラダ

材料（1人分）

白菜…150g
豚ロース薄切り肉…80g
長ねぎ…10cm
しょうゆ、酒、片栗粉…各小さじ⅓
A［しょうゆ、酢各小さじ2　練りがらし、酒各小さじ½　砂糖、塩各小さじ⅕］
サラダ油…大さじ½

作り方

①豚肉は7～8幅に切り、しょうゆ、酒、片栗粉をもみ込む。長ねぎは斜め薄切りにする。
②白菜は葉と軸に分け、葉は1～2cm幅に切り、軸は4～5cm長さに切って縦に細切りにし、器に盛る。
③サラダ油でねぎを軽く炒め、豚肉を加えてほぐしながら火が通るまで炒める。火を止めて混ぜ合わせた**A**を加えて混ぜ、❷にのせる。全体を混ぜ合わせて食べる。

憧れの名古屋風おでん屋台

同じ料理でも、関東と関西ではずいぶん味わいが違うものがあります。よく言われるのはうどんのつゆで、関東の真っ黒なうどんつゆに驚いたという話はたびたび聞きますね。おでんも、同様。

濃い口しょうゆの甘辛味でじっくり煮込む関東風のおでんは、大根も、卵も茶色っぽい仕上がり。一方、関西風は薄口しょうゆと塩であっさり。具にもそれほど色はついていません。関東は練り物中心、関西は牛筋やたこが必ず入るなど、具にもそれぞれ特徴があります。

子どもの頃は名古屋に住んでいたので、おでんといえば、関東風でも関西風でもなく、名古屋風おでんを懐かしく思い出します。

かつお昆布だしに八丁みそを溶いた煮汁でコトコト煮るため、大根も卵もかなり濃い色になっているのですが、見た目ほど塩辛くはなく、しみじみとした味わい。

卵は最後まで残しておき、締めに煮汁ごとご飯にのせて、卵をくずしながら食べるのが名古屋風です。

家族で通った行きつけのおでんの屋台では、おかみさんが一口コンロでおでんを温めたり、酒のおかんをしたりと、見事な手際で注文をさばいていました。

それを観察するのが楽しく、大人になったら、ぜひこのような仕事をしたいと思ったりしたものでした。

当時は冷めた串カツがバットに入っていて、注文があると温かいみそおでんの煮汁にさっとくぐらせて出していた記憶があり、これが名古屋名物みそカツの始まりではと想像したりしています。

おでんに限らず、煮物は冷めるときに味がしみ込むので、いったん冷ましてから、食べるときに温めなおすのがコツ。できれば夕食ぎりぎりではなく、少し余裕をもって作っておくといいでしょう。冷蔵庫に1日おき、翌日食べると、味がしみておいしくなりますから、忙しい日の前日に作っておいても。

洋風おでんといえば、**ポトフ**。週に一度は半端に残った食材で料理をすることにしているので、寒い季節にはよく作ります。にんじんやじゃが芋などの野菜を適当な大きさに切って、ソーセージ1本かベーコン1枚を鍋に放り込んでコトコト煮るだけ。

簡単で、野菜がしっかりとれ、体も温まって低カロリー。冷蔵庫の掃除もできて、本当に言うことなしのお助けおかずです。

大根の八丁みそおでん

材料（2人分）

大根…9cm
こんにゃく…½枚
里芋…4個
昆布…10cm
だし汁…カップ3
A［赤みそ100g　白みそ15g　砂糖大さじ1と¼　みりんカップ⅙　酒大さじ½］
塩…適量

作り方

①大根は3cm厚さの輪切りか半月切りにして3〜4分下ゆでする。
②里芋は皮をむき、塩もみしてから3〜4分ゆでる。こんにゃくは下ゆでし、小さめの三角形に切る。昆布は水カップ½でもどし、細長く切って結ぶ。
③だし汁に❶、❷の昆布のもどし汁を入れて火にかけ、煮立ったら弱火で20〜30分煮る。
④別の鍋にすべての具を並べ、Aと❸を合わせて溶いたものを入れる。沸騰したら弱火で30分煮て、冷ます。再び火にかけ、15分ほど煮る。

バッター液で作るフライ2種

秋から冬にかけては、かきや鮭をカラリと揚げたおかずもうれしいですね。衣はサクッと、なかはふっくらジューシーに揚げて、熱々をいただくのが最高です。

フライはご存じの通り、塩、こしょうをふった食材に小麦粉、溶き卵、パン粉の衣をつけて揚げる料理ですが、衣が余りがちじゃありませんか？　うちの母は、家にある野菜にその余った衣をつけて揚げていました。

私はもったいなくて食材を捨てることができない性分ですから、母と同じように、**フライのときは、肉や魚といっしょに何かしら野菜を揚げて、衣を残さないようにしています。**寒い季節ならカリフラワー、れんこん、ブロッコリーなど。野菜も揚げることで、栄養バランスがととのうのもいい点です。

野菜のフライは、かんだときにその野菜独特の香りが広がり、ほくっとした食感。ゆでたり、煮たりして食べていた野菜のひと味違うおいしさを発見できます。

野菜は衣がつきにくいので、ひと工夫。**小麦粉と溶き卵、サラダ油、水を混ぜ合わせ、バッター液を作るとよいでしょう。**つまり、小麦粉→溶き卵→パン粉ではなく、最初のふたつを混ぜたバッター液→パン粉という順に衣をつけます。

バッター液をつけて揚げることで、よりサクサクした食感になり、時間が経ってもベタッとしにくいのがうれしいところ。

フライの余りを野菜の揚げ衣に使うときは、小麦粉と卵を混ぜ合わせてから適度なとろみになるように水を加えて調整すると、無駄がありません。

鮭とカリフラワーのフライ

材料（1人分）

生鮭…1切れ
カリフラワー…小1/6～1/4個
塩、こしょう…各適量
A［卵小1個　小麦粉大さじ4～5
　サラダ油少々　水カップ1/3］
パン粉、揚げ油…各適量

作り方

①鮭は2つに切り、カリフラワーは小房に分けて、それぞれ塩、こしょうをふる。
②ボウルにAの卵を溶きほぐし、残りのAを加えて混ぜ、バッター液を作る。
③❶に❷をつけ、バットなどに広げたパン粉をまぶして、170℃に熱した揚げ油で、色よく揚げる。

忙しいときの大根料理

大急ぎでおかずを作りたいときには、よく大根を使います。大根は煮るのに時間がかかるイメージですが、生でも食べられ、切り方によってはすぐに火が通ります。

季節によって味わいが変わる野菜で、**6〜8月が旬の夏大根は辛みが強いのですが、11〜3月が旬の秋冬大根はみずみずしく甘みがあります。**冬はたいてい冷蔵庫にありますから、材料をわざわざ調達する手間もかかりません。

ひとつは**牛肉の柚子こしょう焼き大根おろし添え**（112ページ）。大根に含まれるビタミンCや消化酵素は熱に弱いので、大根おろしにして生で食べると効率よくとれるというメリットもあります。

作り方は、次の通りです。まず大根を「鬼おろし」という粗めのおろし器でざくざくとおろします。牛肉の薄切りにゆずこしょうを塗ったら、魚焼きグリルの網にアルミ箔をいったん丸めてから広げたものをのせておき、その上で焼けばでき上がり。

すぐに焼けるので、グリルのそばを離れないこと。大根おろしを適量のせ、巻いていただきます。

アルミ箔をくしゃくしゃにして広げるのは、脂をほどよく落とすためです。1人分なら牛肉2枚程度で十分なので、あっという間にできてしまいます。

「鬼おろし」は、鬼のようにギザギザのとがった歯がついた大根おろし器。これを使うと水分が出にくく、ふんわりと大根がおろせるので、冬は鍋物やみぞれ煮、夏はおろしそばなどにと愛用しています。

鬼おろしがない場合は、スライサーでせん切りにするか、2㎝角くらいに切ってから、ブレンダーで粗くくずしてください。鬼おろしでおろした大根と、近い食感になります。

大根おろしといえば、ポン酢を合わせただけの簡単ソースを魚や肉のソテーにのせていただくこともあります。作るときは、ポン酢と合わせる前に大根の汁けを少しきっておきます。

私は、この大根の汁にしょうゆを少したらして飲むのが大好き！　みそ汁に入れても風味が加わっておいしいんですよ。

もうひとつは、**大根と牛肉の中国風煮**。牛肉の薄切りを食べやすく切って炒め、酒をジャーッと回し入れてから大根の細切りを加えてクツクツと煮ます。しょうゆ、塩、こしょうで調味するだけ。これも、ものの10分もかからずに作れます。

中国料理は何日もかけて煮込む料理があるかと思うと、こんなふうに、すぐできてしまう料理もあるところが楽しいんです。**器に盛ったら、パクチーか刻んだ青ねぎを散らすと、断然香りがよくなりますよ。**

牛肉の柚子こしょう焼き大根おろし添え

材料（1人分）

牛薄切り肉（赤身）…2枚（100〜120g）
大根おろし…適量
酒…少々
ゆずこしょう…小さじ1〜大さじ½

作り方

①アルミ箔はいったん丸めてから広げ、牛肉を広げてのせ、酒、ゆずこしょうを薄く全体に塗る。
②グリルを強火で熱して❶をのせ、2分ほど焼く。様子を見てさらに1分、好みの加減に焼く。大根おろしをのせてくるりと巻き、器に盛る。

＊大根は、あれば鬼おろしでおろすとよい。

ぶりで1人分の鍋物

体が芯まで冷えた日は、あったかい鍋物がいちばんのごちそう。寄せ鍋のように具がいろいろと入る鍋物は、ひとり暮らしではちょっと作りにくいのですが、2〜3種類の具で作れるシンプルな鍋物なら、食材をそろえるのも、作るのも、後片づけも楽で、体がポッカポカになります。

最近は、土鍋もいろいろなサイズが売られていますね。

おすすめは、**豚肉とほうれんそうか小松菜で作る常夜鍋、まぐろの赤身と長ねぎたっぷりのねぎま鍋、そしてあっさりした味わいのたらちり鍋など。**いずれも野菜、たんぱく質がきちんととれ、しかも低エネルギーのヘルシーな鍋物です。そのうえ具の種類が少なくても、おいしく食べられるものばかり。

私のとっておきのひとり鍋が、もうひとつあります。**大根とぶりの鍋**は、鍋に酒をたっぷり入れた湯を沸かし、半月形の薄切りにした大根と一口大のそぎ切りにしたぶりを加えて煮、ポン酢やかぼすの果汁をかけていただきます。あれば水菜を加えると彩りもよく、シャキシャキとした歯ごたえがアクセントに。

ぶりは12〜2月の冬が旬の魚ですから、この時期は脂がのっておいしい。DHAやEPAも豊富に含まれています。

青背の魚は臭みが気になりますが、あらかじめ塩をふり、水けをふいておけば、酒もたっぷり入っているのでほとんど気になりません。下ごしらえのひと手間で、料理が格段においしくなるのです。だしを引く手間もなく、大根も薄く切っているので、湯が沸いてくればすぐに火が通ります。このようにささっと作れる簡単料理のレパートリーを増やすと、毎日の食事作りも苦になりません。

私は人が手際よく調理する姿を見るのが大好きで、小学生の頃には、近所の綿あめの屋台に毎日通い詰めたことがありました。

ある日、顔なじみになった屋台のお兄さんが、私に「ちょっと店番しておいて」と頼んで出かけてしまいました。毎日通っていたのですから、作り方は頭に入っています。ドキドキしながらも、2つくらいは綿あめを作って売ったでしょうか。

ところが帰宅すると、母から「将来綿あめを作る仕事をしたいならいいけれど、違うなら行くのをやめなさい」と釘を刺されました。しっかり見られていたのですね。
その後1週間ほど、「綿あめを作る人になりたいか」寝る前に真剣に考えた結果、屋台に通うのはぴたりとやめました。あのとき、頭ごなしに叱《しか》らなかった母の懐の深さを懐かしく思い出します。

鍋物のことでしたね。ぶりのお刺身をさくで買ってきたら、半分は当日にそのまま食べ、残り半分は保存します。翌日に塩をふって15〜30分おき、大根と鍋にするとよいと思います。鋳物《いもの》ホーローなど厚手の小さな鍋で作ると、手軽ですよ。

大根とぶりの鍋

材料（1人分）

ぶり（刺身用さく）…100〜150g
大根…1/4本
水菜…1/4束
酒、水…各カップ1
ポン酢、かぼす果汁など…各適量
塩…適量

作り方

①ぶりは両面に塩をふり、30分おいて水けをふき、そぎ切りにする。
②大根は皮をむき、1〜2厚さの半月形に切る。水菜は4〜5cm長さに切る。
③鍋に大根と水と酒を入れて煮立て、ぶりを加える。弱火で2〜3分煮て火が通ったら、水菜を加える。しんなりしたら、ポン酢やかぼす果汁をかけて食べる。

きんかんとお肉で風邪予防

中国料理の定番である肉と野菜の炒め物は、すぐれた家庭のおかずだと思います。

一般的な中国風の肉と野菜の炒め物の場合、1人分の肉の量は80〜100g。肉をやや少なめにして50gで作っても、十分なボリューム感があり、白いご飯にもよく合います。肉だけでなく野菜もしっかりとれるので、栄養バランスもばっちり。青椒肉絲《チンジャオロースー》や回鍋肉《ホイコーロー》などが、日本の家庭でもふだんのおかずとして定着しているのも納得です。

でも、**肉と組み合わせる野菜がついパターン化しがちなのが、この料理の悩みどころかもしれません。**

そんなとき、**きんかんが出回る11〜3月に、ぜひ作っていただきたいのが、きんかんと牛肉の炒め物**です。きんかんは、みかんをぎゅっと小さくしたような形で甘く、ほのかな苦みと酸味があります。

でも、いちばんの特徴は皮ごと食べられること。みかんの皮を乾燥させたものは陳《ちん》皮《ぴ》と言われ、薬膳では体によい食材のひとつ。栄養学的にも、特にビタミンCを豊富に含む皮を食べるので、風邪予防や美肌作りにも役立つと言えます。

きんかんは生で丸かじりするか、甘露煮やコンポートなど甘く煮て食べることが多いのですが、牛肉と炒めると、甘みとほどよい酸味がきいて新鮮な味わいです。

きんかんを炒めるときも、面倒な下ごしらえは必要ありません。へそをとり、半分に切って生のまま加えます。焼き肉用のカルビを使うと、食べごたえが出ます。牛肉に黄金色のきんかんがゴロゴロ入った炒め物は、見るからにごちそう。あればゆでたブロッコリーも加えると、さらに彩りのよいおかずになります。

両親は上海に住んでいたことがあり、家の食卓にも中国風のおかずが当たり前のように並んでいました。母はだれとでもすぐ仲良くなれる人だったので、中国人のお手伝いさんともすぐ打ち解けて、家庭のおかずをいろいろと教えてもらったそうです。そのおかげで、本格的な上海焼きそば、かに玉などのおいしかったこと。

その影響かどうかはわかりませんが、私もこの仕事を始めてから中国料理を学び、中国風のおかずをよく作るようになりました。

きんかんはほのかな苦みがあるため、食べにくいという方もいるようです。けれども**近年は、宮崎県の「たまたま」をはじめ、木で完熟させてから収穫する甘いきんかんも出回っているので、試してみてはいかがでしょうか。**

きんかんと牛肉の炒め物

材料（2人分）

牛肉（焼き肉用）…100g
きんかん…3個
ブロッコリー…½個
酒、しょうゆ…各小さじ½
A［酒大さじ½　塩小さじ¼弱
　鶏がらスープの素小さじ1　湯カップ⅛］
粗びき黒こしょう…少々
サラダ油…大さじ¾

作り方

①牛肉は5〜6cm幅に切り、酒、しょうゆをもみ込む。ブロッコリーは小房に分けてゆでる。きんかんは横半分に切り、種を除く。
②サラダ油で牛肉を炒め、色が変わったらきんかん、ブロッコリー、Aを加えて、1〜2分煮からめ、黒こしょうをふる。

ゆり根とみかんの新発見レシピ

おせち料理に欠かせないゆり根とれんこんを、ひと味違うアレンジでおいしく食べるのも、年末から年始にかけての楽しみです。

ゆり根の主な産地である北海道では10月から収穫が始まり、かぼちゃやさつま芋同様に2ヵ月ほど貯蔵することで甘みが増すため、12〜2月が食べ頃とされています。

実は長い間、毎年ゆり根のきんとんを作るのが年末の恒例でした。ほっくりとした食感と上品な甘さはお正月にふさわしい一品なのですが、一枚ずつりん片をはがしたり、煮て裏ごししたりするのは、根気がいる作業です。

ある年、ついに忙しくてお手上げという状況に。けれどもゆり根は絶対無駄にしたくない……**思いたって、オリーブオイルとにんにくのみじん切りを熱して、ゆり根をソテーしてみました。**

すると、かたいようなふかっとやわらかいような食感で、あとを引くおいしさ。

以来、**ゆり根のワインソテー（111ページ）**が、私の定番に。これにゆでたパスタを加えてあえても絶妙で、クリスマスメニューにも向きます。

高校生のとき、すべてのクリスマス料理をひとりで作ったことがありました。ローストチキンやデザートはもちろん、パンを切って5種の具をのせたオードブルまで、朝から一日がかり。我ながらなかなかの出来栄えで、オードブルは5人家族ですから大皿に5列に美しく並べ、床の間に夕食どきまで上げておきました。

ところが、いざ食事というときに、我が家の飼い犬が「ゲプッ」と言いながら、床の間のある部屋から出てきたのです。とんでいくと、オードブル3列分が忽然《こつぜん》と消えていて、1個には犬の歯形が！

なんと、せっかくのオードブルの大半が犬の胃袋に収まりました。やむなく、パンの切れ端と残った具でごまかしたのですが、「犬がオードブルを食べて、人間が残り物を食べることになったね」と家族で大笑いしたクリスマスでした。

もう一品の**みかんれんこん（112ページ）**は、中国を旅しているときに出会った料理です。**おめでたい黄金色のれんこんは、何かで着色したのかと思うほど鮮やかですが、実際はみかんの果汁と果肉、砂糖、酢しか入っていません。**

みかんの果汁を絞って果肉、砂糖、酢を加え、薄切りにして水にさらしたれんこんを煮るだけと、作り方も簡単ですから、お正月にたびたび作るようになりました。**れんこんの旬は11〜3月で、ビタミンCが豊富。**粘り成分のムチンは胃の粘膜を保護する働きがあるそう。冬は、れんこん同様にビタミンCたっぷりのみかんのおすそ分けをいただくことも多いので、ぜひお試しください。

ゆり根のワインソテー

材料（1〜2人分）

ゆり根（むいたもの）…1袋（80g）
にんにく（みじん切り）…小1かけ
赤とうがらし（小口切り）…1本
白ワイン…大さじ2
塩…2つまみ
粗びき黒こしょう…少々
オリーブオイル…大さじ½

作り方

①オリーブオイルでにんにくを弱火で炒め、香りがたったらゆり根と赤とうがらしを加え、中火にして1〜2分炒める。
②ゆり根の色が変わったら白ワインをふって火を通し、塩、こしょうで味をととのえる。

ねぎと切りもちさえあれば

お正月以外のときでも、**昼ごはんや夕ごはんを軽くすませたいとき、私はよくもちを食べるので、切りもちのパックをいつも買いおきしています。**ふだんはもちを食べないという方でも、お正月のあとは残っていることが多いのではないでしょうか。

お正月の間は、お雑煮や磯辺巻き、安倍川など和風の食べ方が中心になるので、お正月を過ぎてから残ったもちを食べるときは、少し目先を変えたいですね。

ねぎともちの炒め物（112ページ）は、まさにぴったりの一品です。

作り方は、切った長ねぎを炒めてからもちをのせ、ふたをして蒸し焼きに。もちがやわらかくなったら、しょうゆ、酒で味をつければOK。もちは丸ごと一個でも、食べやすく半分に切って入れてもお好みで。真空パックのもちはすぐにやわらかくなりますが、電子レンジで少しチンしてから加えてもよいでしょう。

11〜2月は、長ねぎが甘くおいしくなる季節でもあります。この料理は1人分でねぎを1本分使うので、ねぎともちだけでシンプルに作っても十分においしいのですが、**さらにボリュームアップするなら、豚こま切れ肉を加えるのもおすすめです。**食べごたえが増して、チャーハンのような感覚で食べられます。

1~2月にかけてはインフルエンザが流行したり、風邪を引いたりしやすい時期でもあります。**ねぎの独特の香り成分は硫化アリルで、血行をよくしたり、疲労回復に役立ったりしますから、風邪予防にはもってこい。**

ねぎをたっぷり食べ、もちで体力をつけて、元気に冬を過ごしたいですね。

ねぎともちの炒め物

材料(1人分)

切りもち…2個
長ねぎ…1本
酒…大さじ½
しょうゆ…小さじ1
サラダ油…大さじ½~1

作り方

①サラダ油をひいて5㎜の斜め切りにした長ねぎを並べ、炒める。上にもちをのせ、ふたをして弱火で蒸し焼きにする。途中もちやねぎを返して、均一に火を通す。
②もちがやわらかくなったら火を止め、酒、しょうゆを回しかける。

いちばん寒い季節は聖護院大根を

懐かしい母の味といえば、**聖護院大根とお揚げの炊いたん。**私も冬の間に2〜3回は作ります。奇をてらったところのないシンプルな料理だからこそ、繰り返し食べても飽きず、また食べたくなるのだと思います。

全国的にもっとも多く出回っている大根は、細長く、上部が青い青首大根です。一年中店頭に並んでいますが、**夏の大根は水分が少なめで辛みが強く、みずみずしく甘くなるのは11〜3月の寒い時期。煮物にするなら、冬がいちばんです。**

さて、聖護院大根は京野菜の一つで、特徴のある丸い形をしています。その形を生かして薄くスライスし、千枚漬けにする大根としてもおなじみですね。

青首大根よりもやわらかく、きめ細かい肉質で、水分も多め。**甘みもあるので、ふろふき大根やおでんなどの煮物にすると、持ち味を生かすことができます。**

京の伝統野菜に指定されていますが、最近は京野菜コーナーのあるスーパーも増え、東京でも手に入りやすくなりました。

丸い大根ですから、まず四つ割りにしてから4〜5㎝厚さに切って皮をむきます。煮くずれないように面取りすると、大きないちょう形になります。

聖護院大根は1月を過ぎた頃、一年で最も寒い時期にぐんとおいしさが増します。コトコト煮込んだ温かい煮物がうれしい季節に、ぜひどうぞ。

聖護院大根とお揚げの炊いたん

材料(2人分)
聖護院大根…300g
油揚げ…1枚
だし汁…カップ2〜3
みりん、薄口しょうゆ…各大さじ1強

作り方
①大根は四つ割りにしてから4㎝厚さに切って厚めに皮をむき、面取りをする。裏から十字に切り目を入れる。油揚げは熱湯を回しかけて、三角形に切る。
②鍋に❶を入れ、みりんとだし汁をひたひたに入れて、火にかける。煮立ったら、紙ぶたまたは落しぶたをして弱火で30〜40分煮る。薄口しょうゆを加え、さらに10〜15分煮る。

葉つきかぶでおもてなし

肉料理や魚料理に、野菜を何か添えたいけれどどうしようと困ることがありますね。私は、かぶがあれば迷わず使います。**かぶの旬は年に2回、3〜5月と10〜12月。秋冬のかぶは甘みが増して、いちばんおいしいと言われます。**

大根は葉つきで出回る期間が限られますが、かぶは葉つきで手に入ることがほとんど。根は淡色野菜でビタミンCを豊富に含み、葉は緑黄色野菜でβカロテンやカルシウムがとれる、栄養的にもお得な野菜です。

ちなみに、春の七草のひとつ、「すずな」はかぶのことなんですよ。

普通は葉と根を切り離して使いますが、**葉つきのまま縦に1cm厚さに切り、オリーブオイルを熱したフライパンで焼いてバルサミコ酢をかける（112ページ）と、形が面白く、つけ合わせにすると喜ばれます。**もう少し凝って、ひき肉入りのカレーソースをかけると素敵な前菜になります。

ふだんの食事には、**かぶのざくざく豆乳スープ（112ページ）**を。みそ仕立てで、白いご飯に合う味です。かぶを炒めてスープの素で煮て、お玉でくずして豆乳とみそを加えて仕上げます。

スープは完全になめらかにするよりも、かぶの食感が少し残るくらいがおいしいと思います。春は近いけれどまだまだ寒い時期に、体がほっこりと温かくなる、やさしい味のスープです。

かぶのざくざく豆乳スープ

材料（2人分）

かぶ…3個
バター…大さじ1
固形スープの素…1個
白みそ…大さじ3強
豆乳…カップ1と½

作り方

①かぶは6～7㎝角に切る。葉は1㎝幅に切る。
②バターでかぶを炒め、水カップ2と½、スープの素を加える。煮立ったら弱火で7～8分煮、お玉でかぶをくずすように混ぜる。
③かぶの葉を入れ、みそを溶き入れる。豆乳を加えて混ぜ、1～2分煮る。

おわりに

最後まで読んでいただき、ありがとうございました。

「ふきのとうをキッシュにして、友人の集まりに持っていこう」「さつま芋があるから、カレーに入れてみようか」などと楽しんでいただければうれしいです。

長年家庭料理のレシピを提案してきましたが、私の料理は、「臨機応変に、なければないで工夫する」という母の考え方が基本になっています。

それは、旬の食材を調理するときもいっしょ。山菜だから、きちんとあく抜きして……とあれこれ考えていると、やはり手を出すのがおっくうになってしまいます。

丁寧に作った昔ながらの味わいも大切にしたいのですが、せっかくのおいしい食材を「面倒だから食べない」のではなく、「こう料理すると楽だから、また食べよう」と思える方法をみなさまにお伝えしていけたらと願っています。

私が幼かった頃のように、ハイキングがてらご近所さんとまつたけやたけのこをとりに行くような時代ではなくなりました。

その一方で、道の駅、デパ地下、スーパーマーケット、通販などで、以前とは比べものにならないほどバラエティー豊かな食材を手に入れやすくなっています。

サプリメントや健康食品に頼る前に、まずは安くておいしい旬のものから、元気を分けてもらいませんか？

食品売り場の棚には、年中同じ野菜や果物が並んでいるように見えるかもしれませんが、旬のものは目立つ場所にしっかり陳列されています。買う側も意識を集中すれば、「今いちばん食べるべき食材」を必ず見つけられるはずです。

旬を楽しむときに「こうでなくてはいけない」というルールはありません。本書では、気負わずササッと作れるレシピをご紹介しました。

ぜひ季節ならではの、滋味あふれる料理のパワーを実感してみてくださいね。

二〇一七年十月　髙城順子

髙城順子（たかぎ じゅんこ）

料理研究家。大阪生まれの名古屋育ち。和・洋・中の料理に精通し、本格的な味を家庭で手軽に作れるレシピを提案。おいしいものを求めて、国内から海外までひんぱんに旅する好奇心と元気の源は、旬の食材を使った食生活にあり。明るい人柄と臨機応変な料理の腕前は、2014～15年に出演した『バイキング』(フジテレビ系)の「生中継！サンドウィッチマンの日本全国地引き網クッキング」でも発揮された。NHK『きょうの料理』『あさイチ』などのテレビや雑誌、講演など幅広く活躍している。著書多数。

ブックデザイン　小口翔平＋岩永香穂(tobufune)

イラスト　丹下京子

編集協力　川崎由紀子

講談社のお料理BOOK

「旬《しゅん》」おかずで今日《きょう》も元気《げんき》！

2017年11月28日　第1刷発行

著者　髙《たか》城《ぎ》順《じゅん》子《こ》

発行者　鈴木 哲

発行所　株式会社 講談社

〒112-8001 東京都文京区音羽2-12-21

電話　編集 03-5395-3527

販売 03-5395-3606

業務 03-5395-3615

印刷所　慶昌堂印刷株式会社

製本所　株式会社国宝社

ISBN978-4-06-220846-8